未来学习者的素养和教育

COMPETENCE AND EDUCATION OF THE LEARNER FOR THE FUTURE

[芬]汉内莱·涅米(Hannele Niemi) 王晨 著

世界图书出版公司
北京 广州 上海 西安

图书在版编目（CIP）数据

未来学习者的素养和教育 /（芬）汉内莱·涅米，王晨著．—北京：世界图书出版有限公司北京分公司，2024.4（2025.11 重印）
ISBN 978-7-5232-1107-6

Ⅰ．①未… Ⅱ．①汉… ②王… Ⅲ．①素质教育－研究 Ⅳ．① G40-012

中国国家版本馆 CIP 数据核字（2024）第 038701 号

书　　名　未来学习者的素养和教育
　　　　　WEILAI XUEXIZHE DE SUYANG HE JIAOYU
著　　者　[芬] 汉内莱·涅米　王晨
责任编辑　程　曦
封面设计　蔡依东

出版发行　世界图书出版有限公司北京分公司
地　　址　北京市东城区朝内大街 137 号
邮　　编　100010
电　　话　010-64038355（发行）　64033507（总编室）
网　　址　http://www.wpcbj.com.cn
邮　　箱　wpcbjst@vip.163.com
销　　售　各地新华书店
印　　刷　北京建宏印刷有限公司
开　　本　880mm×1230mm　1/32
印　　张　7.75
字　　数　136 千字
版　　次　2024 年 4 月第 1 版
印　　次　2025 年 11 月第 3 次印刷
国际书号　ISBN 978-7-5232-1107-6
定　　价　88.00 元

总序：教育始终是答案

›陈 一 丹

2023 年春，人们听到技术浪潮的涛声如春雷般清晰。

关于人工智能的讨论与运用再次点燃了人们对未来的想象。似乎再翻过一座矮山，我们就能看到科技大航海时代的千帆竞渡。

AI 潮涌，让疫情甫消的世界混杂着不安与兴奋，也让我想起 20 多年前，互联网大潮方涌之时，我和伙伴投身其中，并在内部观察到一种技术如何从新生渐次变成一种生活方式的。

技术的影响已经远远超过了技术本身。过去不可能之事会越来越快地发生，不仅体现在变化速率上，更会在扩展规模上。

作为文明演进的载体，教育既是技术的原因也是结果。一方面，教育革新的时机已成熟。技术和伟大的产品可以让教育变得更好。另一方面，现代技术带来了例如数字成瘾等噪音，社会良治的共识需要通过教育来校正。

如今比以往任何时候都更有创造与革新的空间，教育如何自处？教育如何重塑？回答这个时代大哉问不取决于技术。未来与愿景有关，而指向人的行动。这是关于教育持份者可以做出的一系列选择。

一丹教育研究院是个年轻的机构，设立之初就聚力于此，试图回归教育本源，探讨教育问题。一群对教育充满热情并且对如何使教育的未来有远大想法的人聚拢于南国深圳，展开寻找教育未来可能进路的重新想象。

教育作为一种方法，从事教育研究、教育实践的国内一流专家学者实地调研、展开对话，就教育一系列问题、话题开展了深入细致的研究，或开展田野调查，或搭建理论框架，这些教育协力者为相应的研究领域提供了宝贵的见解、脉络与进路。我们通过他们的眼睛，看到更大的教育图景。

而大流行病使人们的观念发生了重大转变，我们的教育未来仍将感受到其影响。如何在当今复杂的世界中培养更大的理性，如何以不同的方式思考，并在更深层次的背景下思考教育问题，仍然是确定教育界有趣的、未解决的问题的起点。

我很高兴看到，这一系列行动已经沉淀文献和共识，并通过出版成为人类教育思想库的一部分。书籍仍然是改变讨论和影响人们思维方式的首选工具。我们相信阅读和书籍一定会提高教育成果，增加教育总价值，并且为未来转变提供可能性。

从一丹教育研究院和业界同行的研究实践中，我们可以越来越清晰地看到，协作带来连接，连接带来丰富，丰富带来韧性。教育变革的核心是教育生态要从单一的部门走向丰富的系统。

我们主张确立大教育、泛教育的新范式，这是基于连接的多元教育生态系统，由竞争转为协作，从封闭转向开放，从稀缺转向丰盈。

其次，教育之道在于实践与在场。如今，教育和学习主要发生在课堂之外。教育的最大价值之一在于让人们了解世界是如何运作的。而这一切都发生在社区中。

在场则意味着保持开放，响应技术和时代的要求。当我们身处浪潮其中时，可能不会觉得这是一场革命。但它是无可避免、正在发生的事情。

最后一点与技术无关却最为关键，改变将来自关心教育的相关者。教育体系诞生之初就与理想主义密不可分，孔子以天下大同的仁爱为旗帜，让教育流入民间，如今依旧需要这种关心。

点燃教育的火花，比以往任何时候都更重要。面对挑战，我们应该教会下一代如何关心，如何善良。面对不确定性，我们关注可能性。我们应该教会下一代保持乐观，以信心和长期视角应对复杂系统。

教育是一种选择，最重要的是，通过行动重塑未来。当我们致力于取得成果时，道路就会更加清晰。我们有机会建立一个基于贡献、可能性和洞察力的未来。

在希望的田野上。教育就是答案。教育依然是答案。教育始终是答案。

《未来学习者的素养和教育》一书的出版正当其时，十分有益。这本书以创新且可信的框架，详实精湛的论述，中芬专家联手著述，不仅提供更广泛的知识、技能和素养特质的地图，也为教育面向未来开拓了新的疆域。

通过这些文字的风景，我看到了一群种树的人、一群在春天播撒种子的人。这些行动的理想主义者，在种植和培育重要的想法，让教育变得比以前更好。

借此机会，我想特别感谢北京师范大学教育学院，本书领衔专家 Hannele Niemi 教授和王晨教授，以及他们所带领的研究团队。感谢世界图书出版公司副总编辑徐国强博士和本书责任编辑程曦女士，以及为此项目和书籍出版辛勤付出的所有同仁。

教育永无止境。前路漫漫，唯愿同行者一路有憧憬、有所得。格物致知，丰盈于心。

是为序。

作者序一

本书基于陈一丹基金会的倡议，对全球素养教育作了分析和回顾。陈一丹基金会希望为教师和学生构建一套素养框架，帮助他们将全球素养融入教学并让学生具备面对瞬息万变的未来所需的能力。和很多国家一样，中国意识到教育需要转变为素养教育，培养学生在可预测和不可预测的变化中共同生活和共同工作的能力。

本书首先简要介绍了国际教育文献中有关全球素养的发展历程，回顾了在全球素养被设定为教育目标时，我们可以确定的趋势或变化。随后，文中以芬兰教育系统的课程为例，介绍了如何将全球和未来素养融入课程规划。最后，本书还总结了设计全球素养教学和课程时进行修订的主要原则，以及如何在学校和高等教育中教授和学习这些素养。

早在20世纪，联合国教科文组织出版《学会生存》

（Faure 等人，1972）一书时，各界就已经意识到培养未来学习者的教育非常重要。这本书也是就全球素养问题开展更广泛国际讨论的一个重要里程碑。它分析了教育如何应对本土和全球的挑战和未来的需求，在分析了工作、生活和技术变化后，确认了社会中新素养的出现迹象。它采用“学习型社会”来描述未知的未来，我们见证了整个世界发生的巨大变化，其中的许多变化与商业和贸易、技术和数字化、知识预测和管理以及工作中对新素养的需求密切相关。“全球化”的定义有多个版本。Youmatter（2020）整理了诸多国际组织对全球化的定义。其中，世界卫生组织（2020）对此的定义为“各国人民和国家之间日益紧密的相互联系和相互依存”的多方面进程。各界也普遍认为，全球化通常包括两个相互关联的因素：一是开放国际边界，加快货物、服务、资金、人员和思想的流动；二是促进或便于这种流动的国家和国际制度与政策的变化。

全球变化的复杂性给教育带来了巨大压力。全球素养的概念千差万别。我们可以理解为它不同于本地素养。然而，在许多情况下，这两者是紧密交织在一起的。“全球”一词赋予了跨越地方和国家边界的性质，例如，全球公民。联合国将“全球公民”定义为具有全球意识、在世界范围内开展社会、政治、环境和经济活动的个人和社区的总称。该词所指的“个人”是多重、多样化、地方和非地方网络的成员，而不是只在孤立社会中发挥影响力的单一行为者。在可持续发展过程中增强全球公民意识有助于个人承担自己的社会责任，造福整个社会，而不仅仅是为自己谋福利。全球素养意味着有些素养具有重要的国际意义，学校课程应包括学生未来在当地和全球背景下生活所需的素养。（UN，2023）

自 1972 年富尔报告发布以来，人们对未来和全球素养的兴趣呈指数级增长，21 世纪初涌现了数十个关于未来全球素养的清单和定义，其中许多都植根于联合国教科文组织（如 2022；2021）或经合组织（OECD，2005；2019）提供的概念基础。然而，也有来自国家战略、研究人员投入和公司需求的框架。常见的素养名称有 21 世纪核心素养、共通能力、元技能、可迁移技能或横贯素养。

回顾过去几个世纪，我们可以看出全球和未来素养发展的一个重要趋势。联合国总结了我们在全球工作中面对的重大挑战，制定了可持续发展目标，要求我们共同应对诸如气候变化、贫困和社会不平等等多方面的问题（UN，2016）。

可持续发展目标对教育体系提出了许多要求。教育的目的不仅是培养个人素养，而且是必须寻求拯救地球、使世界更加平等的解决方案。因此，教育（可持续发展目标四）显得空前重要，因为教育不仅为个人成长提供了基础，也为其他战略目标的实现提供支持。第四项可持续发展目标的基础是教育、公平和包容等人权，每个人都应享有接受优质教育、培养自身的全球和未来素养的权利。教育必须确保所有人在其生活中都享有可持续发展的机会，使其具备为解决全球挑战做出贡献的能力。

教育应当培养年轻一代和所有学习者承担世界可持续发展的责任的能力。陈一丹基金会的研究小组回顾了在全球化的世界里，学生的成长需要哪些素养。这些素养是学生成长为负责任的全球公民的基础。研究小组甄选出五种关键素养，分别是：探究、批判、创造、协作与关怀。

探究是指保持好奇心，提出新问题，为了实现自己设定的目标而努力，反思和评价自身学习过程和成果并且修正自身学习行为的能力。探究的含义还包括开放地看待为了实现特定目标而发展新技能和新素养。

批判是指学生应当具备的评判某个论据质量的能力，包括对其原因、假设、证据和结论的可接受程度。

创造是指一种学习过程，其目的是教会学习者在面对问题时能够想出新颖的替代性解决方案，投入到创新产品的开发或者采取新的思维模式。此外，创新还需要学习者学会在创新过程中坚持不懈。

协作是学习者应具备的一种素养，即为了实现共同的目标而共同学习和共事。协作基于尊重、责任、信任和不同文化间的理解等前提。协作素养还包括学习者在虚拟和社交媒体情境下需要具备的能力。

关怀是指与社会情感和道德行为相关的素养。它包括责任、建设性贡献和社交关系中的同理心。关怀尊重人类的多样性，并理解不同的人有着不同的历史和社会情境。关怀的目标是为建设性地共处和共事提供支持。

这五种素养旨在为师生提供从儿童早期教育到成人教育的相关指导。我们建立包含这五大素养的框架的原因是：虽然目前有若干个关于全球素养或未来素养的体系，但是由于情境的复杂性和分散性，师生难以在日常的学校生活中运用这些素养。另外一个原因是我们认为有必要将学习的认知、社交和情感过程更紧密地联系在一起，形成一个综合性的框架。

这一框架的出发点是基于最新的教育学和心理学前提。过去的几十年中，学习研究的范式发生了转变：从早期的基于外部规范的行为主义和知识传播范式，转变为强调社会文化情境因素和学习的能动性。发生这一转变的源头是 20 世纪兴起的社会文化理论、建构主义和社会建构主义。学习科学领域的多学科交叉研究也对学习者的理念产生了影响。“学习科学”（Fischer 等人，2018）提出了关于学习的一系列重要问题：“我们如何赋权学习者并赋予其能动性？如何利用技术实现这一点？学习者在提出问题、做出预测和解释说明时会经历哪些心理过程？为此，我们应该提供哪些相应的课堂文化、教学实践机会和学习材料？”这一框架面向教师、课程设计者和所有的利益相关方，目的是培养“未来学习者”。

本书希望传达的信息是，我们需要一种系统性方法培养未来学生在全球背景下共处和共事的能力。它要求改变课程设计、调整教师教育体系、加强教师能力建设，以促进未来的学习。它呼吁采用更具包容性和以学生福祉为导向的教学法，并就教育、社会和全球的可持续发展达成共识。经合组织（2022）也提醒我们：“将全球趋势与教育联系起来是拓宽我们视野的一种手段……但未来思维意味着要考虑现有趋势的复杂演变以及潜在的发展和冲击。”这意味着，我们需要为可预知及不可预知的未来做好准备。新冠疫情提醒着我们，未来可能而且必将给我们带来意料之外的事物。

此外，大量证据表明，许多国家的教学质量和学习效果都十分堪忧（UNESCO，2021；World Bank，2018）。这为全球素养提供了一个全新的视角：似乎只有那些能够在完善的教育体系里接受优质教育服务的人群才有机会获得未来素养。但是，所有的学习者都应该有获得全球和未来素养的机会。联合国教科文组织以人权为基础制定了一个学习框架，并强烈呼吁每个人都应该有接受优质教育的权利。每个人都需要终身学习的机会。如果不具备未来素养，人们就很难在不断变化的环境中持续学习。同样，如果不具备这些素养，人们就很难为实现可持续发展、构建更美好世界做出贡献。今天校园里的学习者将成长为明天的决策者。学习者需要探究、批判、创造、协作与关怀这五种素养所提供的能动性。学习者还需要了解在全球背景下，他们如何通过这些素养实现责任、团结和可持续发展的重要性。其目的是让学生利用自身的能动性来构建共同利益。

在此，我衷心感谢陈一丹基金会对本书撰写工作的支持。

整个过程中的气氛非常鼓舞人心。其次我还要感谢赫尔辛基大学讲师皮娅 - 玛丽亚 · 科里基维（Pia-Maria Koirikivi）博士，她为各个章节贡献了宝贵意见，尤其是芬兰教育体系中的横贯素养一章。

非常感谢中国出版集团世界图书出版公司出版本书，以供中国读者参阅。

2023 年 10 月 21 日，芬兰赫尔辛基

汉内莱 · 涅米 博士

赫尔辛基大学，教育学院教授

联合国教科文组织教育公平与学习质量生态系统主席

Preface 1

This book is based on Chen YiDan Foundation's initiative to analyze and review what global competencies mean in education. The aim of Chen YiDan Foundation was to launch a frame for teachers and students that would help them to include global competencies into teaching and learning in such a way that students will gain the abilities needed to face the ever-changing future. China, as most countries, sees that education must be transformed towards competencies that are needed for living and working together in a midst of predictable and also unpredictable changes.

The book provides a brief history of global competencies in international educational literature and reviews what kinds of trends or changes we can identify when global competencies have been set as aims for education. It also introduces how global and future competencies can be included in curriculum planning, using curricula of the Finnish education system as examples. The book also summarizes the main principles of revisions that are needed in teaching and curricula design when aiming at global competencies and how these competencies can be taught and learned in schools and higher education.

The importance of education that prepares learners for the future became significant already in last century when UNESCO (The United Nations Educational, Scientific and Cultural Organization) published the book Learning to Be (Faure et al., 1972). It has been regarded as an important milestone for a wider international discussion on global competencies. The report was an analysis of how education can face the local and global challenges and demands of the future. Based on the analysis of the changes taking place in work life and technology, the report recognized emerging signs of new competencies in societies. The report uses the term 'Learning Society' to describe an unknown future. We have been witnesses of enormous changes in the whole global world. Many changes are related to business and trade, technology and digitalization, knowledge prediction and management, demands of new competencies in work. There are many definitions of globalization. Youmatter (2020) has collected various organizations' definitions of globalization. Among them, the World Health Organization (2020) has defined as very many-faceted processes 'the increased interconnectedness and interdependence of pcoples and countries'. It is generally understood to include two inter-related elements: the opening of international borders to increasingly fast flows of goods, services, finance, people and ideas; and the changes in institutions and policies at national and international levels that facilitate or promote such flows.

The complexity of global changes has set pressure on education. The concept of global competencies has been defined in various ways. It can be understood as it is different from local. However, in many cases, they are very tightly intertwined. The term 'global' brings something that crosses local and national borders, e.g., global citizenship. The United Nations (UN) defines that global citizenship is the umbrella term for social, political, environmental, and economic actions of global-minded individuals and communities on a worldwide scale. The term can refer to the belief that individuals are members of multiple, diverse, local and non-local networks, rather than single actors affecting isolated societies. Promoting global citizenship in sustainable development will allow individuals to embrace their social responsibility to act for the benefit of all societies, not just their own. Global competencies mean that there are certain competencies that are recognized as internationally important and school curricula should consist of the competencies that students need in their future life both in local and global contexts. (UN, 2023)

Since Faure report in 1972, the interest in future and global competences has increased exponentially and tens of lists and definitions emerged at the beginning of the new millennium. Many of them are rooted in the conceptual basis provided by UNESCO (e.g.2022; 2021) or OECD (the Organization for Economic Co-operation and Development)(e.g. OECD, 2005; 2019).

However, there are also frameworks coming from nation-based strategies, researchers' inputs and companies' needs. These competencies are often referred to as twenty-first century competencies but also as generic skills, meta-skills, transferable skills, or transversal competencies.

During the last centuries, a significant trend can be seen in global and future competencies. The United Nations (UN) has summarized the big challenges in our global work and set sustainable development goals (SDG) on how to overcome the problems such as climate change, poverty and many inequalities in many sectors in society (UN, 2016). SDGs set many demands for education systems. Education must see beyond individual competencies and seek solutions to saving the planet and making the world more equal. The importance of SDG 4, Education is thus more important than ever because it provides the basis to individual growth, but it also supports achieving other strategic goals. The basis for the 4th SDG is rooted in human rights to education, equity, and inclusion. Everyone needs to have a high quality education that also prepares them for global and future competencies. Education must ensure that all people have an opportunity for sustainable development in their lives and prepare them to make their contribution to solving global challenges.

Education should prepare the younger generation and all learners to take responsibility for sustainability in our world. The research group of the Chen YiDan Foundation reviewed what kinds of competencies lay ground for students' growth in the globalized world. These competences are regarded as a fundamental basis to grow as a responsible global citizen. The research group selected five key competencies: **Exploration, Critical thinking, Creativity, Collaboration, and Care.**

Exploration means curiosity, asking new questions, working towards the aims learners have set for themselves, reflecting, and assessing their own learning processes and outcomes, and revising their own learning behavior. Exploration also includes open-mindedness for developing new skills and competences for the set objectives.

Critical thinking means students' capacity to judge the quality of an argument, including the acceptability of its reasons, assumptions, evidence, and conclusions.

Creativity means learning that aims to educate learners to seek novel alternative solutions to problems, to work in processes that aim at new innovative products or new modes of thinking. It is also needed to learn to work with persistency in creative processes.

Collaboration means learners' competence to learn and work together to achieve joint aims. It is based on ethical premises of interaction such as respect, responsibility, trustfulness, and intercultural understanding. Collaboration competences also cover capabilities needed in virtual and social media contexts.

Care means competencies related to social-emotional and moral behavior. It consists of responsibility and constructive contribution and empathy in social relationships. It respects human beings' diversity and understands that all people have their own historical and social contexts. Care aims to support constructive ways to live and work together.

These 5 competences are purposed to be a guide for students and teachers from early childhood education to adult education. The need for proposing a framework for these 5 competences comes from the reality that we have several lists of global or future competences, but there is a danger that the situation is too complicated and scattered for teachers and students to make use of them in the everyday school life. Another reason for a comprehensive framework is the need to integrate cognitive, social, and emotional processes of learning more tightly together.

The starting point of the frame is based on the latest educational and psychological premises of learning. During the last decades, we can see that a paradigm shift has taken place in the research of learning: the earlier, outer-regulated behavioristic and knowledge transmission paradigms have been subsided by an emphasis of socio-cultural contextual factors and the agency of learning. The origins of this change can be found on social-cultural theory, constructivism, and socio-constructivism that emerged in the last century. The contributions of multidisciplinary research in learning sciences have also influenced the concept of a learner. Learning sciences (Fischer et al., 2018) has set important questions for learning: How can we empower learners and give them agency? How can technology help with that? What mental processes are involved in asking questions, making predictions, and making explanations? We can also ask what kind of classroom culture, teaching practices, and learning materials are needed for that. The framework is aimed for teachers and curriculum designers and all stakeholders who aim at preparing learners for the future.

The message of the book is that we need a systemic approach when preparing students for the future in the global world. It requires changes in curriculum design, revising teacher education and teachers' capacity for future learning. It calls for a more inclusive and students' wellbeing-oriented pedagogy, and a common understanding of sustainability in education, societies and the global world. OECD (2022) also reminds us: "Connecting global trends to education is a means of broadening our horizons ... But future thinking means considering the complex evolution of existing trends as well as potential developments and shocks." This means that we need to prepare for predictable and non-predictable futures. The COVID-19 pandemic reminds us that the future can and will surprise us.

We have a lot of evidence that the quality of teaching and learning is low, and learning outcomes are poor in many countries (UNESCO, 2021; World Bank, 2018). This sets global competences into a totally new perspective. It seems that future competences are an opportunity only for those who have access to well-developed educational systems that provide high quality educational services. The possibility to achieve global future competencies should be available to all learners. UNESCO's framework for learning is based on Human Rights. UNESCO has made a strong appeal that everyone should have a right to a quality education. Everyone needs opportunities for life-long learning and, without future competences, it is very difficult to continue learning in changing contexts. Without these competencies, it is very difficult to make contributions to sustainable development for a better world. Learners in schools today are decision-makers tomorrow. Learners need the agency that comes from competencies: exploration, critical thinking, creativity, collaboration, and care. They also need to understand the importance of how these competencies lead towards responsibility, solidarity and sustainability in the global world. The aim is that students use their agency for building the common good.

I want to warmly thank Chen YiDan Foundation for supporting the writing of this report. It has been such an inspiring and encouraging atmosphere throughout the process. I also want to thank Dr. Pia-Maria Koirikivi, University lecturer (University of Helsinki), for valuable comments to all chapters and contributions especially to the chapter on the transversal competences in the Finnish educational system.

I appreciate very much that China Publishing Group Corporation and

World Publishing Corporation has accepted this report to be published for Chinese readers.

October 21, 2023, in Helsinki, Finland
Hannele Niemi
PhD, Professor
Faculty of Educational Sciences, University of Helsinki
UNESCO Chair on Educational Ecosystems for Equity and Quality of Learning

References

Delors, J., & 14 members of the Commission (1996). *Learning: The Treasure Within*. Paris: UNESCO.

Faure., E., Herrera, F., Kaddoura, A-R., Lopes, H., Petrovsky, A., Rahnema, M., & Ward, F.C. (1972). *Learning to be. The world of education today and tomorrow.* Paris: UNESCO.

Fischer, F., Goldman, S. R., Hmelo-Silver, C. E., & Reimann, P. (2018). *International Handbook of the Learning Sciences*. New York: Taylor & Francis.

OECD (2005). *The definition and selection of key competencies: Executive summary*. Paris: OECD. Retrieved from http://www.oecd.org/pisa/35070367.pdf.

OECD (2019). *OECD Future of Education and Skills 2030. OECD Learning Compass 2030. A Series of Concept Notes*. OECD. Retrieved 10 July 2022 from https://www.oecd.org/education/2030-project/contact/OECD_Learning_Compass_2030_Concept_Note_Series.pdf

UN (United Nations) (2016). *The Sustainable development. The goals report.* United Nations.

UN (United Nations) Global citizenship. https://www.un.org/en/academic-impact/global-citizenship. [accessed Oct 22 2023].

UNESCO (2020). *Global education monitoring report, 2020- Inclusion and education: all means all*. Paris: UNESCO. https://unesdoc.unesco.org/ark:/48223/pf0000373718

UNESCO(2021). *Reimagining our futures together. A new social contract for education*. Report from the international commission on the futures of education. Paris: UNESCO [accessed Oct 21 2022].

World Bank. (2018). *World development report 2018: Learning to realize education's promise*. https://doi.org/10.1596/978-1-4648-1096-1

World Health Organisation. (2020 b). Globalisation overview. Available at: https://www.who.int/topics/globalization/

Youmatter (2020) Globalization: Definition, Benefits, Effects, Examples – What is Globalization? https://youmatter.world/en/definition/definitions-globalization-definition-benefits-effects-examples/ [accessed Oct 22 2023].

作者序二

2019年8月，北京大学教育学院的沈文钦教授来信告知北京大学教育学院将于2020年1月3—4日在北京大学斯坦福中心与陈一丹基金会共同举办首届一丹教育论坛，并邀请我参加，我欣然允命。随后在9月，陈一丹基金会的同仁郑重呈达论坛的邀请信，并细致沟通安排参会的各项事务，事周而礼备，令人心生敬意。

首届一丹教育论坛的主题是“博雅教育：中国与西方的跨文化对话”，我和刘敏博士在会上发表了题为“实践性自由教育：美国自由教育的新模式”的论文，对20世纪80年代以来，美国学院和大学中形成的关注道德价值及服务，重视社区参与及公民意识，推行探究式教学的实践自由教育模式进行了介绍和阐释，并做了交流。这是我第一次与陈一丹基金会接触。彼时，基金会的一丹奖创立有年，已在国内外教育界产生不小的影响，没承想因缘际会联系相识。

会后，经沈文钦教授的推荐，基金会的陈晨博士找到我，告知基金会想做一些深入的教育研究，希望我能加入。在进一步接触的过程中，也逐渐了解到陈一丹基金会是由腾讯主要创始人陈一丹博士于 2013 年发起成立。陈一丹博士胸怀深厚的教育关切，坚信教育是社会进步的源泉，坚信回归于人是教育的本质，坚信由家庭、社会、学校形成的教育合力是建构良好教育生态的关键所在，并坚持以此信念助力教育发展，探索教育生态，搭建教育平台，希望通过培育人去推动教育创新，开拓教育未来。自成立以来，基金会围绕人才培养和教育创新展开了一系列工作，除了设立一丹奖之外，还创办了武汉学院，设立探讨教育前沿议题以作为教育研究者和实践者对话平台的一丹教育论坛，以及诸多推动实现教育公平和基础教育改进等行动。

丰富的教育实践无疑需要深入的教育研究支撑，以求相得益彰、相辅相成之效，这几乎是世界上每个著名教育基金会的共同发展之路。当时北京大学的哈巍教授已经与基金会合作进行了学校与社会的协同创新方面的研究，研究的成果后来也以“从全球到中国：学校与社会的协同创新”为名于

2023 年出版。在交流的过程中，基金会的饶瑞瑞秘书长、一丹教育研究院的孟昭莉博士以及陈晨博士展现了对教育的深刻理解，共同表达了对教育前沿的关注。她们深切地体会到了当前教育存在的种种需要解决的问题，并且希望通过对教育创新议题，如核心素养、未来学习、新型的教与学方式等内容的探讨，展望未来教育的图景，实现教育实践的更新，以此来推动未来社会的革新和发展，重构个体、家庭、学校与社会的教育网络和场域。

经过多次研讨，我们最终确定了“未来学习者”这一核心术语，并确立了以未来学习者素养框架为基础，以未来教育生态为指向，以素养培育方式方法创新为路径，培育学习者应对不确定未来的能力的研究思路。此后，我们有幸邀请到了芬兰赫尔辛基大学汉内莱·涅米（Hannele Niemi）教授参与到研究项目中。涅米教授曾领导和参与了芬兰、欧盟、经合组织以及联合国的诸多核心素养有关的项目，是一位对这一议题有着深入思考和研究的国际学者，她的加入无疑有助于推动我们研究的进一步深入。

经过将近两年的辛勤工作，我们最终合作完成了一份报告。在 2022 年主题为“构想未来学习生态：家庭，学校，社会”的第三届一丹教育论坛上，涅米教授和我分别做了题为“全球素养教育发展与未来学习者素养框架”“未定中的确定：未来学习者的教育”的报告，与大家分享了我们的思考结果。

以“把中国介绍给世界，把世界介绍给中国”为宗旨的世界图书出版公司在传播科技文化知识之外，对教育议题也较为关注。徐国强副总编辑积极出版，千金马骨，实为教育研究之大幸，在此致以深深的敬意。

最后感谢北京师范大学教育学部对我们研究的支持，感谢参与了我们研讨的各位教育研究者和工作者，你们提出的问题，分享的观念和给予的建议是我们灵感和行动的源泉。

王晨

2023 年 10 月 1 日

于北京师范大学英东楼

《未来学习者的素养和教育》研究团队

领衔专家

汉内莱·涅米（Hannele Niemi）

赫尔辛基大学教育学院教授

联合国教科文组织教育公平与学习质量生态系统主席

王　晨

北京师范大学教育学部教授

团队成员

王慧敏 | 浙江大学教育学院副教授

刘　敏 | 北京师范大学教育学部博士研究生

李明姝 | 北京师范大学教育学部博士研究生

吴　婵 | 陕西师范大学教育学部副教授

陈咏霞 | 陈一丹基金会研究员，斯坦福大学访问学者

陈　晨 | 陈一丹基金会研究顾问，高级研究员

罗　炜 | 德国汉堡大学博士研究生

孟昭莉 | 一丹教育研究院执行院长

饶瑞瑞 | 陈一丹基金会秘书长

廖　伟 | 北京师范大学教育学部讲师

滕　珺 | 北京师范大学教育学部教授

目录

> contents

引　言

现代教育的重要工作之一是将人类累积的丰富知识、优秀文化和伦理规范传递给下一代，为其成为既有社会的成员和工作者做好准备。但此间体现的保守性、职业性和社会性往往会掩盖教育中既有的发展性、整全性和个体性，而难以发挥教育的全部价值和功用。“教育是社会进步的源泉”“教育的本质是回归于人本身”等教育主张不能仅被视为一种个体性的愿想，它更是建立在对教育本质、人类社会及其历史发展的深层理解之上，表达了具有普遍意义的教育共识。这也意味着，如何在个体、家庭、学校与社会所共同构建的网络和场域之中，重审目前教育的境况，展望未来学习的图景，重构教育实践，以此来引领和推动未来社会的发展，是当今教育所面临的核心问题之一。

但大家期待的能引领社会发展的未来教育是什么？什么

是它的内涵和外延？我们如何走向未来教育？诸多学者从不同角度对这些问题进行了探讨。总体而言，学者们的研究主要关注理念和路径两个层面。理念层面，主要探讨未来教育的发展背景和核心理念，如新自由主义、全球化等。路径层面，大致涉及三方面内容：其一，在主体层面，主要聚焦教师和学生两个主体；其二，在能力层面，主要聚焦知识、技能和态度的培养，关切领导力、创新等素养；其三，在保障层面，涉及政策、课程、教师培训等方面的实践规划。

关于未来教育的理念，学者们认为，未来教育之未来不仅仅指时间的向后延伸，也指物质因运动而呈现的新样态，包括生态的、社会的、生命的，显性的、隐性的。从价值取向来看，未来教育是更能造福社会和成全人的教育，它的最高着眼点是促进人类社会进一步地向真、向善、向美发展。这种发展需要人与社会、人与自然“和谐竞争、协同发展”，通过维护人类生态平衡，实现人类福祉的大同价值。这种价值取向，决定了当下和未来教育的培养目标——促进生命个体与群体的和谐发展，培养适应未来社会的心性良善、人格健全、勇于创新和具备创造幸福生活能力的人。

有学者认为，平等和多元（equity and diversity）将会是未来教育的基本特质。未来的教育是终身教育，是可持续的学习和教育（sustainable learning and education）。终身教育不仅仅在于个体的终身学习，更指向个体与其周围世界的深入互动，二者是一个集合。所以要重视身边的世界，关注社群、组织和社会，终身教育与未来教育的理念相互依存。未来教育要致力于促进人类、自然与文化之间的相互依存，需要关注生态精神教育（eco-spiritual pedagogy）。未来教育目标应与生命和生活方式保持一致，具有生成性和世代性，致力于保护人类作为一个物种继续在地球维持良好和可持续的生活。

关于未来教育的路径，学者们认为未来教育需要拥抱不确定性与模糊性，迫切要求年轻人做好准备，以更有效地管理和利用变化，运用新的叙事方式去创造新的可能性。教育的多方利益相关者，需要重新思考青年人、教育和未来社会技术（socio-technical）之间的关系，未来教育政策可能不再通过让少数人受益来推动教育事业的发展，而更注重每个人发展的需求。

从教师角度审视，未来教师的身份不再受制于行政空间和学术空间的割裂，它不仅基于职业和学术，而且也更注重与此二者之外的第三空间的协作，教师角色应从传授知识者向指导学习者转变，由教学资源提供者向教学资源整合与组织者转变，其目的在于学生的成长。

从学生角度审视，未来的学习不仅仅局限于个体，小组学习和团队学习同样具有重要价值。未来教育依托的教材需要重大变革。有学者提出“强大的教科书内容”（strong textbook content）的概念，指出教科书中的内容需要与学生生活高度关联，要特别关注学生的主动性，助力学生养成终身学习习惯，帮助他们跨越未来的生活，从而指导他们建立更积极、更广泛的对身份和效能感的认知。而与此同时，多向度学习路径将颠覆传统教育的普通学习方式，为学生群体进步及个体终身学习的可持续发展给予无限可能。

在上述前提下，研究者围绕“素养”“学校”和“教师”等未来教育的基本元素进行了多维度的构想和讨论。这三者相辅相成，构成了未来教育的基本架构。

“素养”是一种习惯或是一种准备就绪的状态和特定的行为方式倾向。学生核心素养，主要是指每位学生应具备的、适应个人发展和社会发展、获得成功生活所需的必备品格和关键能力；是学生知识、技能、情感、态度、价值观等多方面要求的综合表现；其发展是一个终身持续的过程，最初在家庭和学校中培养，随后在一生中不断完善。

自 1997 年以来，经合组织、联合国教科文组织、欧盟等国际组织先后开展了关于核心素养的研究，在其影响下，包括我国在内的美国、英国、澳大利亚、芬兰、新加坡等国家也对本国学生的核心素养提出了相应要求。涅米教授在其“全球素养教育的发展”部分对此进行了详细的回顾和探讨。

“未来学校”呈现的是对未来教育场所的思考。有别于现代学校模式，未来学校是以 21 世纪技能的培养为目标，以现代教育信息技术手段为支撑，通过开展个性化的学习与教学活动，培养能够适应未来社会发展的人才。近年来，世界各国对于未来学校的探索与实践愈加普遍。

美国于 2006 年由费城学区和微软共同创建了世界上第一所以“未来学校”命名的学校，即费城未来学校。在这所学校里，没有纸笔和课本，学生借助网络和移动终端设备，随时随地开展学习，允许每位学生有不同的学习进度。

欧洲学校联盟于 2012 年 1 月在布鲁塞尔成立了“未来教室实验室”创新项目。该项目是为了支持教与学的方式变革，呈现可以如何重新组织传统的教室和其他学习空间。其主要功能包括为欧盟 30 个国家教育部长的信息技术决策者提供决策依据。

2014 年日本在“教育信息化愿景”的推动下开展了“超级高中”建设计划。该计划在日本全国范围内设立 200 所超级科学高中示范研究基地学校，通过打造有效的云技术教育信息化平台来促进超级高中的发展，并进而带动日本基础教育改革。

中国的未来学校计划也在起航。中国教育科学研究院于 2013 年正式启动中国未来学校创新计划，成立了未来学校实验室，以科学研究为基础，以培养创新人才为根本，利用信息化手段促进学校教育的结构性变革，推动空间、课程与技术的融合创新，组建了有四百多所学校、覆盖全国的“中国未来学校联盟”，为学校的整体创新提供理论引领和实践指导。

作为未来教育的一大重要主体，未来教师的相关探讨也深受各国重视。2020 年 4 月，新加坡推出“为生活而学习”（Learn for Life）计划，其中“教育工作者的未来技能”涉及教师的持续专业发展，要求教师需要具备评价素养（assessment literacy），差异化适异式教学、探索性教学、电子教学等能力，对品德与公民教育、特殊需要教育的支持能力等。

美国《教学 2030》报告认为，教学生态的变革，特别是认知科学的应用，将促使教师和学生进行沉浸式个性化学习。同时，在混合式学习环境中，教师也将扮演更加多样的角色，包括学习指导者、个人教育顾问、社区智库规划员、教育巡查员、社会人力平台开发员、测评设计师等 。

芬兰于 2016 年发布的教师教育发展计划强调要以教师综合能力为本，提倡教师成为教育创新方面的专家并关注学习者，通过合作、管理培训等加强研究型教师教育，让教师能够吸收基于研究的知识、理解教学、进行深度学习，成为课程教学方面的专家。

在简略回顾上述各国未来教育中有关“素养”“学校”和“教师”的思考与实践的基础上，我们意识到在讨论学生核心素养时，其实就是在讨论教育的目的，即教育培养出什么样的人才能面向未来；讨论教师的素养时，则是讨论什么样的人才能教育学生，背后既是对传统教师角色的重塑和再造，也是对以什么样的方式才能为未来培育人才，即教育教学新理念新方法的思考；对“未来学校”的讨论，一定程度上则是对实现未来教育理念平台的思考，即什么样的教育生态环境能为未来提供良好的“学习空间”。通过对这三个问题的回答，研究者才能畅想、构建和描绘未来教育的图景。

作为既有理论又有实践特征的学科领域和社会系统的重要组成部分，教育是一个复杂性网络和聚集性场域，它将来自不同主体、系统和结构中的要素在教育的框架和视角下不断地汇集、组合和建构，并基于个人和社会的要求不断地更新、迭代与重构。

教育的参与者作为主体将会是其中的焦点，从主体出发，对其特性、角色、定位及其衍生世界的探讨和不断界定将推动教育理论和实践的根本性转换。而教育的平台和空间，作为场域蕴含了诸多的教育可能性，它是一种显著的中层机制，能让各种教育要素和社会系统在此汇集，教育实践和理论的革新也在此发生，它的需求，它的渴望，它的影响，它的反思将是教育发展的重要指向。而社会，作为教育生态环境的标志，既在教育之先，也在教育之后。统一稳定的社会要求确立教育，多元更新的社会需求更新教育，社会与教育的互动呈现千变万化的样态，并成为教育的助产士和检验者。

因而，教育意味着多重主体的融合、交互、调适和发展。在这个过程中，个体未来素养的培育、确立，以及迭代再培育的无限循环和演进，既是教育革新的原点，也是教育追求的终点。而家庭、学校和社会在此基础上也将发生不断的演化和变革，来帮助面向未来的新个体的发展和形成。

这些结构和特征的揭示意味着要求我们要用生态的、系统的眼光看待教育中的个体、家庭、组织、社区和社会，而教育生态系统的所有要素、关系、信息和能量都将最终传递和汇集到其最核心的部分：学习者，无论是个体的还是群体的。

为此我们提出了未来学习者的概念，并认为其培养是未来教育的关键与核心。因为面向未来的学习者的自我发展和教育，将勾连学习者个体和社会的需求和资源，并将人的基本需要、社会的价值与学习空间的意义在人的发展以及教与学的活动中很好地联结起来。而对于一个充满不确定的未来世界，许多现有的成例都将失去作用，因此如何培养未来学习者将成为一大难题。但无论我们从何种角度出发，核心素养都会是未来学习者培养的关键。

核心素养的提出是新教育范式的标志性事件，是全世界关于未来个体样态的共同思考。核心素养是与人的身心结构及生命活动融为一体的相对稳定的特征，它与个体的生命及其活动不可分离。核心素养犹如个体未来成长的DNA，面对未来复杂的环境，能够不断地适应外界的变化，成为不变应万变的内核，蕴含着生命发展的所有密码。

在前文的讨论中，我们也不难发现，对未来学习者素养及其培育框架和生态的探讨，需要考虑不同方面的需求，其中有时代与科技变革的挑战，有区域经济与社会发展的需求，有教育自身面临的问题，也有个人成长发展的需求。这些因素都以各种不同的方式影响核心素养的框架和内涵的确立。虽然不同组织、国家对于核心素养的认识存在差异，但是也存在许多共通的地方，如在认知层面都强调“批判性思维、创造性与问题解决、学会学习与终身学习”的重要性，在个体层面都重视“自我认识与自我调控、人生规划与幸福生活”等方面，在社会层面都注重“沟通与合作、领导力、跨文化与国际理解、公民责任与社会参与”等内容。从这些共识可以看出，核心素养关注的重点是如何处理复杂环境下的各种关系，既重视个体的发展，又突出社会的发展。

在培育未来学习者核心素养的过程中，路径、方法和环境承担着同样重要的使命与任务。在未来教育语境下，对学习样态进行重构的宗旨在于，在各种技术的支撑下对教与学进行多样化的设计，以帮助个体和群体找到更适合自身的学习方式，为学习者的成长注入新的动力。

在 2022 年举行的主题为“构想未来学习生态：家庭，学校，社会”第三届一丹教育论坛上，来自世界各地的教育工作者分享了各自对未来学习和教育的发展样态的认识和理解。

从社会和系统的整体性出发，钟秉林教授让我们看到高质量教育体系建设的目标和路径，这一体系的建立无疑会成为未来学习生态的宏观环境和坚实基础。李铭教授则指出了如何利用数字化的新技术在国际层面推动高等教育共同体的转型的经验，从而从更广泛的维度为未来学习提供可持续发展的目标和背景。此外汪利兵教授、莫家豪教授、边玉芳教授，他们分别从家庭、学校、社会的整体或局部的角度重申了系统的各个部分之间有机渗透、互相支持的重要性。汪利兵教授分享的报告“校外的事情也很重要”显然是对这一维度的最佳概括。

从组织和社区的角度出发，我们看到了公共部门和私人部门，包括政府的附属组织、公司、公益和文化组织以及一些社区和团体都参与到了未来学习的创新和创造之中。马逸灵秘书长对一丹奖教育理想和未来的介绍让我们看到了陈一丹先生和一丹基金会的教育愿景，Kathy、尚俊杰、Mike、王亚鹏、Ben、Emily、徐迎庆、Tobias 则让我们看到了乐高作为一家企业利用自身的优势汇聚了各种资源，以儿童为中心，将玩中学作为其哲学理念，通过长期的研究形成了系列的方法和工具来推动未来学习的创新。而刘端玲研究馆员、贾冬婷总编辑、凌丽莉副馆长、吴朋阳主任则从扎根于实践一线的角度给我们带来各种组织团体自己的经验，他们的案例是前沿的、鲜活的，令人叹为观止。

在学习和教育生态系统最为基础的部分——学校，我们看到了高等教育和基础教育内部发生的变革。其中高等教育部分，郑泉水院士和贺福初院士、杨军院士、李俊峰院长、朱源院长、仲政院长、张泽工程师从理念、设计、实施、评估、经历和效果等多个层面向我们展现了拔尖创新人才培养模式的探索和改革的样貌，并探讨了如何在大湾区构建教育生态，尤其是微生态和小生态，来落地实施拔尖创新人才的培养改革。除此之外，我们也看到了马近远研究员介绍的新型研究型大学学习生态体系的建构，这对于推动高等教育机构的整体转变有着重要的意义。

在基础教育部分，我们不仅看到了国内各个先锋学校的实验，也看到了国际上的学校教育新理念和新实践。

Rowena、郭歆副校长、鲁江总校长、Alison、Neil、Meryl、Zihan与我们分享了学校教育中的四个关键词：学生福祉中心、创造连接、转型和可持续。虽然学校有时确实是乏味的，但它也蕴含着诸多创新和无限可能。在社会网络的支持下，学校总是能带给我们更多的惊喜。

而从个体或群体的学习者的角度，我们更是看到了很多学者的努力和智慧。Douglas给出了一种希望教育学来适配可持续未来的教育目标，这无疑是一种理论创新。我们也看到了Scott为了打破校内外界限，从学习者出发建立全局学习的方法来发展和评估其能力，这更是一种全面的方法创新。大家都在积极地为未来教育贡献自己的力量。

从这些认识和理解中，我们看到了大家都试图从整体的、系统的、生态的角度，从开放、创造、互动生成的特点，从个性的、灵活的、无限可能的、成长的指向来汇集和思考，以展现个体在具有汇聚性、辐射性和延展性的网络结构中的无限成长可能。这也进一步坚定了我们培养未来学习者素养的信心。

期待与当前和未来的教育工作者、教育参与者和教育创造者们共同分享关于未来学习的良善意识、创新观念、独特方法和经典案例，共话未来学习者教育的可能方向、多重路径与全球经验，共同想象、捕捉和描绘未来学习生态，共同思考教育与人类社会的未来。相信我们的思想火光将极大地丰富我们的教育理解与未来教育实践，让我们有更确定的信念和态度去面对未来的不确定性，去培养和创造未来的学习者，让我们将教育生态的各个部分和各个层次连接在一起，共同携手走向未来，迎接未来。

上篇

全球素养教育发展与未来学习者素养框架

汉内莱·涅米

第一章

全球素养教育的发展

一、简史介绍

联合国教科文组织（UNESCO）、经合组织（OECD）、欧盟（EU）、各国教育当局、企业和研究人员等众多机构和行动者均确立了全球素养目标。后文概述了以未来为导向的全球素养在1970年至2020年间的确立和发展过程。正如后文所示，为了应对不断变化的社会和全球挑战，各界已经开始采用“新素养”“21世纪素养”“未来素养”等各种定义和名称。

本书中的“全球素养”是各种未来核心素养的总称，如21世纪素养、共通素养、横贯素养，其中“全球”指某些重要素养是国际上公认的。全球素养概念包含极强的未来性意味，常被视为与未来素养或21世纪素养同义。由于这些未来素养具有普遍性且为个体和社会的未来奠定了基础，许多文献称其为共通素养或横贯素养。这些素养对于积极并成功地应对不断变化的环境至关重要，因此它们是学习者战略性地用以指导自我学习的元素养。本报告提到的教育文献针对以下问题给出了诸多建议：这些素养是什么，如何将这些素养与学习相结合使学习者能在不断变化的未来环境中生活、学习和工作。

2005 年，经合组织将界定全球素养的重要性总结如下：

> 为什么素养在今天如此重要？因为全球化和现代化正在创造一个日益多样化和相互关联的世界。个人要想在这个世界上有所作为，需要掌握不断变化的技术并充分利用大量可用信息。个人还需应对社会的共同挑战，例如平衡经济增长与环境可持续性发展，平衡繁荣与社会公平等问题。在这种情况下，个人实现目标的必备素养就变得十分复杂，而仅仅掌握某些狭义的技能是远远不够的。（OECD，2005，第 4 页）。

二、缘起：1970 年富尔报告

虽然最早有关全球教育和全球素养的讨论在二战后就开始了，但是引发全球广泛讨论的重要里程碑是联合国教科文组织的报告《学会生存》（Faure 等人，1972）。该报告分析了教育如何应对本土和全球的挑战和未来的需求，在分析了工作、生活和技术变化后，确认了社会中新素养的出现迹象。报告采用“学习型社会”来描述未知的未来，主要是指人人须享有受教育和终身学习的机会。终身学习需要获得整个教育结构的支持，以使个体在其一生中不断继续接受教育，这意味着学校及其课程亟需改革。尤为重要的是，各国要为未知的未来开发和重新设计它们的教育体系。早在 20 世纪 70 年代，该报告就将学会学习确立为学习者的主要素养和取得进一步发展的核心素养。报告还提出了自学、功能性读写能力方面的重要建议，并建议在教育制度上让学习者拥有更多选择的自由，从而保障终身学习。报告还强调了学生与教师流动性以及尊重文化多样性的重要性。富尔报告可以说是第一份为全球教育设定目标的报告。在此之后，许多机构、公司和研究人员纷纷开始编制全球素养清单。

第二章

20 世纪 70 年代至 90 年代的发展

一、联合国教科文组织的德洛尔报告

1996 年，联合国教科文组织发布德洛尔报告《教育：财富蕴藏其中》，这是由国际 21 世纪教育委员会向教科文组织提交的报告（Delors 等人，1996）。报告提出了教育的四大支柱问题，这些支柱被视为全球素养的早期定义：

学会生存

学会生存包括发展每个人的人格。教育应当支持人人独立地行动和学习，对生活以及国内外时事做出批判性判断，并助力人们承担公民和人类的个人责任。为此教育决不能忽视每个人的任何潜力，如记忆力、推理能力、审美意识、体能和沟通能力。

学会求知

学会求知指获得足够广博的一般知识并有机会深入研究各个学科。学会求知也是指学会学习的能力，以便从终身教育机会中获益。

学会做事 / 工作

学会做事不仅仅指获得一种职业技能，而是在更广泛的意义上指面对新的工作要求和协作工作所需的能力。同时也指在各种社会和工作环境中学习的经验，可能是非正式的经验或其他学习工作路径与模式。

学会共处

学会共处指本着尊重多元化、相互了解与和平的价值观，在开展共同项目和学习管理冲突的过程中，增进对他人的理解和对相互依存问题的认识。

德洛尔报告（1996）着眼于未来，是在富尔报告发布之后的 25 年里取得的重大科学发现和突破。德洛尔报告指出，许多国家已经摆脱了欠发达状态，生活水平不断提高。但是报告也提及诸多严峻的全球挑战，并承认发展也会促生幻灭感，比如失业率攀升、受排斥人数激增、世界范围内发达国家和不发达国家之间日益加剧和持续的不平等现象。报告强调了理解地方和全球相互依存关系的重要性以及教育在促进社会凝聚力方面的任务。

报告还十分关切自然环境所面临的威胁，对自然灾害或重大工业事故进行示警。虽然富尔报告也曾提及环境问题，但是德洛尔报告表达的语气更为强烈。两份报告均指出未来包括教育在内的所有变革都应服务于民主与和平。

二、经合组织与 DeSeCo 项目

经合组织是确立全球素养的一个重要国际机构。该组织最初出于经济目的而设，旨在为各国政府提供政策建议，以增进全球福祉。经合组织于第二次世界大战后的 1948 年建立，目的是帮助欧洲各国意识到经济上的相互依存关系，但是在 20 世纪 60 年代其成员国逐渐扩展，囊括了美国和加拿大。现在经合组织的成员国数量达到了 36 个。

经合组织越来越强调教育的重要性（OECD，2022）。随着经济和社会不断变化，教育在个体和国家的成功中发挥着越来越重要的作用。经合组织 2004 年的一份报告指出，“长期以来，人力资本被视为解决失业和低工资问题的关键因素，但是现在有强有力的证据表明人力资本与各种非经济利益相关，包括改善健康状况和增强幸福感”（OECD，2004，第 11 页）。经合组织教育活动的重要部分是为各国教育系统的比较

设定指标和标准。自 20 世纪 90 年代初以来，经合组织出版了《教育概览：OECD 指标》。教育指标体系（INES）提供了经合组织 36 个成员国和一系列伙伴国家教育系统的绩效数据。INES 的核心出版物《教育概览》在教育系统绩效信息框架内提供广泛的教育比较指标，包括教育的人力和财力投入信息、教育和学习系统的运作和发展方式，以及教育投资回报（OECD，2004；2005）。

国际学生评价项目（PISA）测试让经合组织在全球声名大噪。经合组织于 1997 年启动素养的界定与遴选（DeSeCo）项目。由此经合组织采用 DeSeCo 项目和 PISA 项目来阐述新素养和技能。DeSeCo 项目旨在提供一个框架，以指导评价工作向新的素养领域长期扩展，并提供数据来了解即将结束义务教育的学生（15 岁）是如何发展充分社会参与所必需的知识和技能的。其目的是评估年轻人运用其知识和技能来应对现实生活挑战的能力，而不是评价他们对特定学校课程的掌握程度（OECD，2004；2005；2010）。

DeSeCo 项目将核心素养（或变革素养）分为三大类。DeSeCo 框架的核心是个体独立思考的能力以及对自己的学习和行为负责的能力。这三大类素养分别是：

互动地使用工具：

- 互动地使用语言、符号和文本
- 互动地使用知识和信息
- 互动地使用技术

在社会异质群体中互动：

- 与他人建立良好的关系
- 团队合作
- 管理与解决冲突

自主行动：

- 在复杂的大环境中行动
- 形成并执行个人计划或生活规划
- 维护权利、利益和需求

经合组织的概念框架如图 1 所示。该框架是由成员国和研究人员共同制作，目的是将全球素养与个体生活的成功和社会的健全相结合。个体素养的功能是实现集体目标。

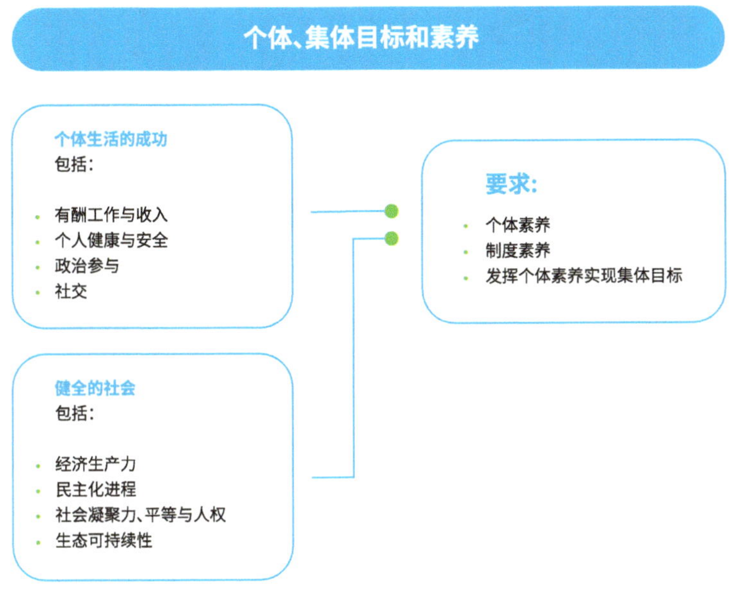

图 1　成功生活和健全社会的全球素养（OECD，2005，第 6 页）

DeSeCo 项目在 PISA 测试中测量学生的能力时，将素养概念引入测试科目中。数学素养和科学素养是指学生在关键学科领域应用其知识和技能的能力，还包括在解决和解释学科问题时有效分析、推理和沟通的能力。培养上述素养的目的是让学生在生活中应用知识，并积极参与社会活动。考虑到信息与通信技术素养（ICT）是公民应具备的重要能力之一，PISA 测试添加了对这一素养的评价。

第三章

2000 年到 2020 年的全球素养

一、行动组织和素养框架的涌现

随着人们对未来全球素养的兴趣呈指数级增长，21 世纪初涌现了数十个关于未来全球素养的清单和定义，其中大多建立在联合国教科文组织或经合组织的概念基础之上。然而，也有一些素养框架基于国家战略（Low，2018；Ministry of Education, Singapore，2010a 、b)、研究人员的研究（Binkley 等人，2012；Ravitz，2014）或公司的需求，例如思科（2008）和威廉与佛洛拉・休利特基金会（Hewlett Foundation）（Finegold & Notabartolo，2010)。常见的素养名称有 21 世纪核心素养、共通能力、元技能、可迁移技能或横贯素养。

许多研究人员对这些不同的素养框架进行了分析和综述（Salas-Pilco，2013；Lee & Tan，2018；Niu，2021)，试图找出它们之间的相异性和相同性。Salas-Pilco（2013）通过比较和总结 10 个不同素养框架中所包含的 21 世纪核心素养，对 2000 年到 2010 年的素养框架进行了全面描述（表 1)。最常见的素养有沟通素养、公民素养和社交素养，信息技能和数字素养也具有典型的共通性，但是许多机构和组织对未来需求有不同认识，因此具有各自的特点。

表 1　2000—2010 年 21 世纪核心素养框架（Salas-Pilco，2013，第 20 页）

类别 框架		沟通	公民与社会	信息技能	数字素养	创造与创新	批判性思维	社会文化敏感性	自主性与领导力	学会学习	效率	创业精神	生活与职业	数学与科学
1.	DeSeCo / 经合组织 1997—2003	●	●	●	●								●	
2.	美国国家教育技术标准·学生（NETS·S）/ 美国国际教育技术协会（ISTE） 1998—2007	●	●	●	●	●	●							
3.	美国北方中央教育实验室（NCREL）& Metiri集团 2003	●		●	●	●					●			
4.	欧洲共同体 2006	●	●		●			●	●	●		●		●
5. 6.	美国21世纪技能联盟（P21），2007 特里林和法德尔的21世纪技能，2009	●	●	●	●	●	●	●	●		●	●		
7.	经合组织国家 2009	●	●	●										
8.	21世纪技能评估与教学（ATCS） 2010	●	●	●	●	●	●	●	●	●			●	
9.	惠普公司 2010	●	●	●	●	●	●	●	●	●	●			
10.	新加坡21世纪素养 2010	●	●	●		●	●	●						

表 2 以大型技术公司或企业领导者为例，列举了 Finegold 和 Notabartolo（2010）总结的 16 个素养，作为威廉与佛洛拉·休利特基金会的五大分类的组成部分。

接下来将介绍从 2000 年初到 2010 年末广泛使用的两个素养框架，旨在描述国际组织或利益相关方设定全球素养目标的方式。许多素养框架是由多机构团体创建的，并为学校课程和评估素养提供建议。例如 2010 年的 21 世纪技能评估与教学（ATC21S）（Binkley 等人，2012）以及 2007 年的美国 21 世纪技能联盟（P21）。

表 2 休利特基金会的 21 世纪核心素养框架

类别	素养指标
分析技能	批判性思维 问题解决 决策 研究与调查
人际技巧	沟通 协作 领导力与责任感
执行能力	积极性与自主性 效率
信息处理	信息素养 媒体素养 数字公民 ICT操作与概念
变革能力	创造/创新 适应性学习/学会学习 灵活性

二、21 世纪技能评估与教学和美国 21 世纪技能联盟

21 世纪技能评估与教学（ATC21S）始于 2010 年，是思科、英特尔和微软出资委托墨尔本大学进行的一项国际研究项目（http://www.atc21s.org）（Binkley 等人，2012）。如表 3 所示，该项目在“思维方式、工作方式、工作工具和生活方式”四大分类下选取了 10 项核心技能。他们认为，评估是掌握这些技能的关键。然而，评估必须在支持学习和规划如何进行 21 世纪技能形成性评估方面发挥作用。“评估信息的使用是这一理念的关键：形成性评估需要采用评估证据为后续教学提供信息。形成性评估不是关注学过的内容，而是通过识别和提供信息来填补学习者当前学习状况与学习目标之间的差距，从而为未来学习道路的规划提供帮助”（第 21 页）。Binkley 等人（2012）强调要设定明确的学习目标，要让学生参与自我评估和形成性评估。这是一种促进学生学习能动性的方法，从而提高学生的积极性、自主性和元认知。

表 3　21 世纪技能评估与教学项目的 21 世纪技能

类别	十项素养
思维方式	1. 创造力与创新 2. 批判性思维、解决问题、决策 3. 学会学习、元认知
工作方式	4. 沟通 5. 协作/团队合作
工作工具	6. 信息素养 7. 信息与通信技术素养
生活方式	8. 本土和全球的公民意识 9. 生活与事业 10. 个人和社会责任

美国 21 世纪技能联盟（P21）是 2002 年成立的一家美国组织（http://www.p21.org），由企业领导人、顾问和教育工作者组成。该项目包含表 4 所列技能。这些技能与 ATC21S 项目所列技能大体一样，但是分类方式稍有不同。

表 4　美国 21 世纪技能联盟的框架

类别	技能
学习与创新技能	创造力与创新 批判性思维与问题解决 交流沟通与协作
信息、媒体与技术技能	信息素养 媒体素养 信息与通信技术（ICT）素养
生活与职业技能	灵活性与适应性 自主性与自我导向 社会与跨文化素养 效率与责任 领导与责任

三、亚洲协会全球教育中心

亚洲协会全球教育中心汇集了来自世界各地的领导人和机构，以解决当今最严峻的教育挑战之一：在全球化时代如何开展学生就业能力和公民意识教育。该报告（Cheng 等人，2017）包括五个案例研究，介绍了中国香港特别行政区、韩国、日本、中国台湾省和新加坡正在进行的改革（见表 5）。尽管存在差异，但所有案例研究都试图明确以下四个维度之间的关系：（1）有抱负的人，指实现目标的雄心；

（2）改革目标；（3）预期素养；（4）核心价值。每个案例都从未来的角度设定教育目标，并提出了未来素养的类别和指标。

表 5　亚洲协会全球教育中心在不同地区的未来素养目标

地区	未来素养目标
中国香港特别行政区	人们能胜任新时代，在易变、不确定、复杂、模糊的社会中生存、引领和改变
日本	具备德、智、体能力
韩国	一个独立自主的人，在全面成长和发展的基础上确立身份认同并塑造未来生活 一个聪慧的人，在基本知识和技能的基础上不屈不挠地尝试各种想法 一个有教养的人，在文化素养和多元价值观的基础上欣赏和发展人类文化 一个民主的公民，以社区意识与世界互动，并以关怀和分享的精神与他人共同生活
新加坡	自信的人、自主的学习者、关心他人的公民、积极的贡献者
中国台湾省	自主性、互动性、共同利益 (1) 激发学生的动力和激情 (2) 引导他们与自我、他人、社会、自然互动 (3) 帮助他们将所学应用于实践，体验生命的意义，追求社会、自然和文化的可持续发展 (4) 实现共同利益

以上的每个案例研究几乎都提到了两份文件：联合国教科文组织的四大教育支柱——学会生存、学会求知、学会做事、学会共处，经合组织 DeSeCo 项目的核心素

养——“在社会异质群体中互动”“自主行动”“互动地使用工具”，涉及人际关系、自我、知识和技能。在每个地区都能发现这两个框架的影响痕迹，无论是直白的还是隐晦的。亚洲协会全球教育中心采用的素养及其细分类别参见表 5 和表 6。

亚洲协会全球教育中心希望能在工作场所以外的地方为年轻人的生活做出更多贡献，因为这被认为是未来素养的其中一个挑战和主要目标。日本的案例研究明确指出：“目前（其他地方）提出的 21 世纪素养倾向于关注就业能力（和技能组合），但应该更加关注个人特质和个人价值观的形成”（Cheng 等人，2017，第 6—7 页）。亚洲的报告描述了未来教育的目标，共同释放的一个强烈信息是从知识到能力的转变。正如日本的教育改革所述，这是从“学生学习知识”到“学以致用”的转变，也就是常说的能力本位教育。然而改革也跨越了与“做”相关的能力，延伸到态度、特质和价值观，如表 6 所示。

表 6　亚洲协会全球教育中心的素养与素养细分类别

体系	类别	内容
中国香港特别行政区	知识与技能	三语和双语能力；T型知识；掌握并超越技术的知识； 社会、国家和世界的地理、经济、历史和文化知识
	特质	批判性思维、团队精神、欣赏差异、毅力、创造力、 谦逊、自信、自我管理和自我控制……
	价值观	正直、责任感、承诺、关怀、尊重不同的价值观、 包容多样性、公正、法治、和平……
日本	基本素养	读写能力、计算能力和信息/通信技术素养（以及ICT礼仪和道德）
	思维能力	问题发现与解决、创造力、批判性思维、逻辑思维、 元认知和适应性学习技能
	为世界采取行动的实践能力	独立自主行动 （自我理解和自我责任、促进健康、决策技能和生活规划技能） 关系建立 （协作与责任感、表现力/表达力、良好的人际关系） 建设可持续未来的责任感 （责任，权利，工作，对社会、文化和自然环境的理解， 语言和信息的应用，知识和技术的应用，发现问题和解决问题的能力）
韩国	自我管理素养 知识/信息处理素养 创造性思维素养 审美感受素养 沟通技能 公民素养	
新加坡	自我意识 自我管理 社会意识 关系管理 负责任的决策	沟通、协作、信息技能 批判性和创造性思维 公民素养、全球意识和跨文化技能
中国台湾省	自主行动	健全的身心和自我完善 系统思维和问题解决 计划、实施和有创意的灵活性
	社会参与	符号使用和交际表达 技术、信息和媒体素养 艺术和审美素养
	交际互动	符号使用和交际表达 技术、信息和媒体素养 艺术和审美素养

四、中国与核心素养

中国的国家课程强调 21 世纪核心素养的学习。经过四年的研究和讨论，中国于 2016 年发布了学生发展核心素养报告（Lin，2017；Niu，2021），以培养全面发展的人为主要目标，强调核心素养。中国的核心素养（Lin，2017）内容参见表 7。

表 7　中国的未来核心素养框架

(1)	**文化基础**	• 人文底蕴：人文积淀、人文情怀、审美情趣 • 科学精神：理性思维、批判质疑、勇于探究
(2)	**自主发展**	• 学会学习：乐学善学、勤于反思、信息意识 • 健康生活：珍爱生命、健全人格、自我管理
(3)	**社会参与**	• 责任担当：社会责任、国家认同、国际理解 • 实践创新：劳动意识、问题解决、技术运用

中国的素养框架也包含其他框架所列的能力和技能，例如促进自主学习和发展的文化理解和元思维、元学习能力。同时，它还包含一些其他框架没有提及的能力，例如将国家认同视为社会责任、将健全人格列入自主发展的内容。

五、欧盟的核心素养框架与 LifeComp

2006 年，欧盟发布终身学习核心素养框架。这些核心素养是促进个人的实现和发展、积极的公民身份、社会包容和就业所需的知识、技能和态度的组合。虽然欧盟没有任何法律授权来管理成员国的教育，但是它可以为国家和国际基准提供建议和工具，由此欧盟建议成为教育系统和实践的参考工具。该参考框架就当今和未来所需的素养达成共识，提出通过创新的学习方法、评估方法或向教育者提供支持来促进素养发展的成功方法，而其中的核心理念是所有学习者都应该能够充分发挥他们的潜力。为了满足学习者的不同需求，该建议鼓励各成员国提供高质量的幼儿教育和护理，改善学校教育并确保优质教学，进一步发展初始和继续职业教育和培训，实现高等教育现代化。

2018 年 5 月，欧盟理事会通过了修订版《终身学习核心素养建议框架》，制定了适应 21 世纪工作和生活的必备核心素养（Sala 等人，2020；European Commission, 2019）。该建议框架确定了与 2006 年框架基本一致的八项核心素养，并作了一些说明或补充，例如数学和科学类别下添加了工程元素，学会学习素养中添加了个人和社会元素。

表 8　2006 年和 2018 年欧盟八项核心素养参考框架

2006	2018
母语交流能力	读写素养
外语交流能力	多语素养
数学与科技基本素养	数学素养与科学、技术、工程素养
数字素养	数字素养
学会学习	个人、社会和学会学习素养
社会与公民素养	公民素养
主动性与创业精神	创业素养
文化意识与文化表达	文化意识与文化表达

欧洲议会和理事会认为各项核心素养同等重要，因为每一项素养都可以在知识社会中为实现成功的生活做出贡献（European Union，2006）。许多素养有重叠又相互关联，因为促进一个领域发展的元素也会支持另一个领域的素养形成。批判性思维、问题解决、团队合作、沟通、创造力、谈判、分析和跨文化技能等一般元技能都贯穿在核心素养中。

培养上述核心素养的建议名为 LifeComp——欧盟个

人、社会和学会学习核心素养框架（European Commission, 2019)。LifeComp 旨在通过教育和终身学习提高个人和社会素养，涵盖适用于各个生活领域且可以通过正式和非正式教育获得的一套素养（Sala 等人，2020)。

LifeComp 框架可以采用树形隐喻进行直观地表现（图 2)，描述个体随时间推移的成长模型，强调框架中所有个人素养之间动态发展与相互依赖的关系（Sala 等人，2020，第 22 页，图 2)。树上滋生重叠的枝干，树根滋养枝干，代表支撑个体的社会文化背景和与他人的互动联系。大地是个体生活的社会文化背景，P1—3 是个人领域相关素养，包括自律、灵活和幸福，S1—3 是社会相关素养，包括共情、沟通和协作，L1—3 是学会学习相关素养，包括成长型思维、批判性思维和管理学习。树的每一个元素对其整体发展都是同等必要的。树根和树冠同时生长，作为树的生命整体对树的生长繁荣都是同等必要的。

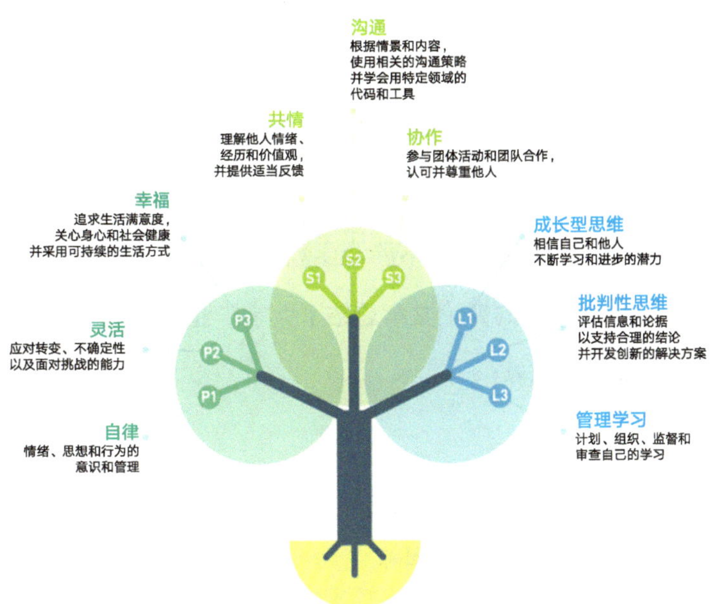

图 2　LifeComp（欧盟个人、社会和学会学习核心素养框架）概览

（Sala 等人，第 22 页）

六、针对特定教育目标的核心素养

高等教育中的可持续发展核心素养

除了前几章介绍的综合框架外，人们也会针对特定的教育部门和目标确立全球素养和未来素养。高等教育（HE）在培养未来专家人才方面一直发挥着重要作用。联合国战略目

标提到，解决环境和气候变化迫在眉睫，因此更需要高等教育将可持续性发展作为一个重要目标。但是仅仅在高等教育中纳入特定内容或学科无法实现可持续发展，可持续发展学术项目的目标是让学生能够规划、实施和参与可持续发展研究和问题解决，而不涉及学科。Wiek、Withycombe 和 Redman（2011）的评论文章总结了大学毕业生必备的六项可持续发展核心素养：

- 系统思维素养
- 未来思维（预期）素养
- 价值思维（规范化）素养
- 战略思维素养
- 人际（协作）素养
- 整合性问题解决素养

系统思维素养是对不同领域（社会、环境、经济等）和不同规模（地方到全球）的复杂系统进行整体分析的能力。文章作者特别指出，每种素养都是必不可少的，同时需要以一种有意义和有效的方式整合这些素养。但是作者最后总结说，目前研究所提出的核心素养并不是一成不变的，并且提醒人们注意，判断素养是否适宜在于毕业生能在多大程度上改善世界的可持续性。此外，可持续发展面临的挑战和我们应对这些挑战的想法会随着时间推移而发生变化。

全球素养中的信息和通信技术（ICT）素养

20 世纪 80 年代以来 ICT 素养发展迅速，成为全球素养的重要组成部分。这种快速变化也引发以下问题：在充斥 ICT 影响的世界中，学校如何培养学生。几乎所有全球素养或 21 世纪素养清单都认可了 ICT 相关技能并与其他全球素养相结合。在国家课程中，ICT 素养可以是一门独立的计算机课程，与 STEM 学科一起讲授，或者与其他学科融合。在 ICT 发展之初，许多学校都专门开设了计算机课程，但是随着笔记本电脑、平板电脑和手机等技术设备的发展，如今学校可以进行灵活安排，并与许多学科融合。ICT 讨论中有几个重叠的概念，参见以下相关概念的简要概述。

ICT 素养，经合组织 PISA 的 ICT 素养评估框架对 ICT 素养的定义如下："个人适当地使用数字技术和通信工具来获取、管理、整合和评估信息，构建新知以及与他人沟通以有效参与社会的兴趣、态度和能力”（OECD，2019）。在许多情况下，ICT 素养的定义与信息或媒体素养密切相关。

信息素养是指寻找、评估、组织、使用和交流各类信息的能力，尤其是在需要决策、解决问题或获取知识的情况下（American Library Association，1989；Association of College & Research Libraries，2016）。有“信息素养”的人需要同时具备以下能力：

- 与数字世界打交道的意识
- 从发现的信息中找到意义
- 清楚表达你需要的信息
- 有道德地使用信息
- 了解你在专业领域交流中可以发挥的作用
- 评估信息的可信度和权威性

媒体教育和媒体素养旨在增强人们对媒体影响力的认识，建立一种积极的媒体消费和制造态度。媒体素养和传统素养一样，包括读（理解）写（创造、设计、制作）能力（Aufderheide，1993），并从单纯地识别和理解信息发展为更高阶的批判性思维技能，以便质疑、分析和评估信息。这是应对社会中不断变化的信息而产生的一种扩展型信息沟通技能。社会媒体让媒体教育和媒体素养的重要性获得提升，而媒体素养也是对流行的大众媒体的批判性理解，包括研究媒体制作涉及的技术、科技和机构，批判性地分析媒体信息并认识到受众在理解信息方面的作用（Malik 2008）。

计算思维指确立一个清晰、明确、循序渐进的复杂问题解决方案的过程。其定义包括将问题分解成更小的部分、识别模式、消除无关的细节以便提供循序渐进的解决方案供人类或计算机复制。无论是用于计算机科学或其他学科领域，计算思维的过程都可以分为以下四个部分或步骤（Wing, 2006）：

1. 分解，即把一个复杂的问题分解成更小的、易于管理的部分。
2. 模式识别是识别大问题各部分之间的模式或联系的过程，通过发现细节的相似点或不同点以及建立对复杂问题的持续理解来进一步简化问题。
3. 抽象化是从每个分解的问题中提取最相关信息的过程。

4. 算法思维是确立循序渐进的问题解决方案的过程，可以复制方案得到可预测和可靠的结果。

人工智能素养有以下问题：如何让学生和公民在使用人工智能增强技术的同时了解其带来的机遇和风险？研究人员、企业和教育当局最近针对人工智能素养发布了多个项目、指南和建议，主要目标是让人人都了解人工智能是什么，它是如何工作的，与之相关的伦理挑战是什么。同时还需要确定如何将人工智能素养嵌入学校教学。最常用的框架之一是 AI4K12 项目提出的“五大理念”（Touretzky 等人，2019）：

1. 感知：计算机使用传感器来感知世界。
2. 表示与推理：智能代理保持对现实世界的表示，并利用它们进行推理。
3. 机器学习：计算机可以从数据中学习。
4. 人机交互：智能代理需要多种知识才能与人类自然交互。
5. 社会影响：AI 的应用对社会既有正面影响也有负面影响。

第四章

迈向2030：可持续发展与福祉成为全球素养的一部分

一、联合国教科文组织促进共同利益和可持续未来

2015 年，联合国教科文组织发布了《反思教育：向“全球共同利益”的理念转变？》。该报告基于联合国 2030 年的战略目标，旨在克服如气候变化、贫困、不平等等全球挑战（UN，2016），还对全球发展趋势提出了强烈批评：不可持续的经济生产和消费模式导致全球气候变暖、环境恶化和自然灾害的激增（UNESCO，2015，第 11 页）。联合国教科文组织的报告（2015）称，教育系统错误地灌输了一种观念，即短期的特权和舒适比长期可持续性的发展更重要。

图 3　联合国全球可持续发展目标（UN，2016）

战略目标的主要信息是通过可持续发展解决全球面临的共同问题和紧张局势。报告指出需要具备新的视野。我们必须超越个人能力，寻求拯救地球的解决方案。报告还批评说，尽管经济增长和财富创造降低了全球贫困率，但在世界各地的社会内部以及不同社会之间，脆弱性、不平等、排斥和暴力等负面问题却有增无减。

因此，教育（可持续发展目标四）显得空前重要，因为教育不仅为个人成长提供了基础，也为其他战略目标的可持续发展提供支持。第四项可持续发展目标的基础是教育、公平和包容等人权，重点是确保到 2030 年让每个人都能公平地接受教育，让教育机构具有包容性并为弱势人群提供支持。教育必须确保所有人在其生活中都享有可持续发展的机会。

> 到 2030 年，确保所有学习者都掌握可持续发展所需的知识和技能。具体做法包括通过教育促进可持续发展、可持续生活方式、人权、性别平等，促进和平和非暴力文化、全球公民意识以及欣赏文化多样性和文化对可持续发展的贡献。（可持续发展目标四）

联合国教科文组织的报告（2021）《一起重新构想我们的未来：为教育打造新的社会契约》进一步阐述了上述理念。复数形式的“未来”指我们的愿景和行动决定了我们不同的未来。社会契约以人权的基本原则为基础，其中包括接受优质教育的权利。该报告为所有教育系统提供了几个具体目标。

报告表示，教育必须以支持人权的广泛原则为基础——包容与公平、合作与团结以及集体责任与相互关联性，并遵循以下两项基本原则：

> 确保终身接受优质教育的权利。如《世界人权宣言》第 26 条规定，受教育权必须继续作为新的教育社会契约的根基，并应囊括确保终身接受优质教育的权利。
>
> 加强教育作为一项公共事业和一种共同利益的形式。应将知识和教育视为共同利益。这意味着知识的创造及其获取、认证和使用是所有人的事，是社会集体努力的一部分。报告指出，共同利益的概念让我们能够摆脱“公共利益”概念所固有的个人主义社会经济理论的影响。在界定什么是共同利益时，强调参与过程，要考虑到环境、福祉和知识生态系统的多样性。

2021 年的报告将终身学习纳入一个新范畴，认为仅拥有受教育的机会是不够的，还必须扩大到包括终身接受优质教育的权利。教育机构应是开展加强协作与合作活动的场所，其课程应引导世界向公正、公平和可持续的未来转变。报告为学校实施新的教学法制定了以下原则（UNESCO，2021，第 4 页）：

- 教学法应围绕合作、协作和团结等原则加以组织。
- 课程应注重生态、跨文化和跨学科学习，以助学生获取和创造知识，同时培养其批判和应用知识的能力。
- 作为一项协作性的事业，教学应进一步专业化，教学工作中教师作为知识生产者以及教育和社会变革关键人物的工作应得到认可。
- 学校承载着支持包容、公平以及个人和集体健康的职责，应成为受保护的教育场所，同时还应重新规划学校，以便更好地推动世界向更加公正、公平和可持续的未来转变。
- 我们应终生享有并扩大在不同文化和社会空间中接受教育的机会。

课程不仅仅是学校科目。课程需要以培养核心素养为框架，教育中始终存在两个重要过程：

- 获取作为人类共同遗产一部分的知识。
- 共同创造新知识和新的可能未来。

联合国教科文组织的报告（2021）谈到了 2021 未来素养。具备“未来素养”是指发生变化时，可以更有效且高效地做好准备、从中恢复和发明问题解决方案的能力。目的是让人类找到新方法将教育与地球的未来和民主重新联系起来。为了实现这些目标，学生需要具备“未来素养”，即有能力了解未来在他们所见所为中起到的作用。

联合国教科文组织报告（2021）强调的要点如下：

- 各种教育形式都需要促进地球的可持续发展。
- 探讨的问题由什么是素养变成如何实现素养。
- 全球都需要实现包容和公平的教育。
- 工作生活素养的范围已扩大到涵盖公平和包容问题。

二、经合组织的未来教育 2030 和未来指南

经合组织（2018）发布的《教育 2030：未来的教育和技能》文件提出一个被称为未来“学习罗盘”的框架。它将世界视作相互关联的系统，而不是一系列离散的组织。文件承认并指出，世界各地的教育系统已经从定义单个学科转向将学科理解为相互关联的系统。其核心信息是，学生的发展和面向未来的方向是基于他们作为积极主体的角色。

“学习罗盘”为未来提供了两个方向：个人和集体福祉。学生需要学会在陌生的环境中航行，以有意义和负责任的方式找到自己的方向（OECD，2019，第 6 页；另见图 4）。经合组织也提到，它正在为联合国的战略目标而努力，与联合国教科文组织有着密切的合作。

学生主体性是一个关键概念。经合组织学习罗盘 2030 的关键概念是学生主体性，是指设定目标、反思并负责任地行动以有效改变的能力。它是行动而不是被行动；塑造而不是被塑造；做出负责任的决定和选择，而不是接受他人的决定和选择。教育的目的是让学生学会“如何学习”，这是他们受用一生的一项宝贵技能。当学生是学习的主体，他们倾

向于表现出更大的学习动机，更有可能为他们的学习确定目标。Leadbeater（2017）认为，报告指出主体性可以有很多表现形式：

OECD 学习罗盘 2030

图 4　OECD 学习罗盘中的知识、技能、态度和价值观主要概念

（OECD，2019，第 6 页）

- 主体性几乎可以在所有情况下行使：道德、社会、经济、创新。学生需要使用道德主体性来帮助他们做出承认他人权利和需要的决定。
- 社会主体性需要学生了解其所处社会有关的权利和责任。
- 学生还应能够发现和把握机会行使经济主体性，为地区、国家或全球经济做出贡献。
- 创新主体性让学生运用他们的想象力和创新能力为世界增添新的价值，无论是出于艺术、实践还是科学目的。

学习罗盘指出，学生需要基础认知、社交和情感技能，以便他们能够将能动性应用到他们自己和社会的利益中。经合组织 2030 项目将知识划分为四种不同的类型：学科知识、跨学科知识、认知性知识和程序性知识。知识和技能是相互联系、相辅相成的。学生需要知识来发展他们的能动性，包括关于认同、动机、希望、自我效能、成长型心态和归属感的知识。当学生发展主体性时，他们需要依靠能力和智力是可以发展的这样一种理解来走向幸福。这使他们能够有目标地行动，引导他们在社会中卓越发展（参见 Leadbeater，2017）。

协同主体性。主体性不仅仅是个人所有，它也是一种协同的主体性，指个体与家长、同伴、教师和社区成员之间的关系。它为每个人赋予了责任："家长、同伴、教师和更广泛的社区影响着学生的主体性意识，而学生反过来又会影响教师、同伴和家长的主体性意识——这是一个对儿童的发展和福祉产生积极影响的良性循环"（Salmela-Aro，2015）。

学习罗盘的目标是个人和集体福祉。经合组织认为，为了共同利益我们需要"集体的主体性"来作出改变。与联合国教科文组织一样，经合组织也使用了"共同利益"一词。这是因为许多复杂的挑战需要集体的应对，例如对政府越来越不信任、移民增加和气候变化。整个社会都需要应对这些挑战。集体主体性要求个人抛开分歧和紧张，团结起来实现共同目标（Leadbeater，2017）。这样做也有助于建立更加稳固和统一的社会。学习罗盘指出，学生需要具备三种变革能力来塑造我们想要的未来：创造新价值、协调矛盾与困境、承担责任。经合组织 2030 项目对主体性的主要内容总结如下：

- 主体性意味着有能力和意愿积极影响自己的生活和周围的世界。

- 为了充分发挥主体性的潜力，学生需要建立基础技能。
- 学生主体性的概念在不同的文化中是不同的，并在人的一生中持续发展。
- 协同主体性是指互动的、相互支持的关系，比如学生与家长、教师、社区之间的关系，这些关系帮助学生朝着他们的共同目标前进。

经合组织强调，多年来社会福祉已经发生变化，远远超出了经济和物质繁荣的范畴。学习罗盘认识到学生各不相同，因此他们的学习路径和迈向幸福的速度也会与同伴不同。尽管我们对未来可能有许多不同的愿景，但是社会福祉是我们共同的“目的地”。

第五章

芬兰课程体系与横贯素养

一、横贯素养与国家教育目标相结合

在芬兰教育体系中，未来素养被称为横贯素养。横贯素养帮助学习者做好准备，适应由多元文化、各种可预测和不可预测变化组成的全球世界。因此，应将这些素养与芬兰教育体系的指导目标相结合。1998 年颁布的《基础教育法》确定了芬兰教育制度的基本价值观念。虽然课程大约每十年更新和修订一次，但《基础教育法》设定了教育目标（Finlex，第 628/1998 号《基础教育法》）：

本法案所述教育的目的是将学生培养成为具有人文与人道主义精神和道德责任感的社会成员，使他们掌握生活所需的知识和技能。此外，作为幼儿教育的一部分，学前教育的主要目的是提高儿童的学习素养。

1. 教育应促进社会文明和平等，并成为学生在其一生中接受教育和以其他方式促进自我发展的前提条件。
2. 教育的目的还应进一步确保全国教育的充分公平。
3. 教育的最终目标是促进教育公平，为学生提供生活所需的知识和技能。

芬兰教育体系是分权的，地方政府在教育方面享有很大自由，并对教育质量负责。例如，在规划课程时，芬兰国家教育局与多个社会利益相关方共同制定国家核心课程，为地方政府和学校提供一个框架。核心课程涵盖教育的一般价值基础，概述了教育体系中不同层次的一般目标和内容。国家核心课程从幼儿 / 保育到学前教育、基础教育、高中教育和成人教育，强调横贯素养，或全球素养和未来素养（Halinen 等人，2015）。其主要目的是促进横贯素养的发展延续，使学习者能够不断进步。本章介绍了不同教育的横贯素养，并基于研究，提供了在教育环境中应用和调整这些素养的经验。

二、芬兰幼儿教育与护理核心课程

幼儿教育与护理（ECEC）课程的对象为 7 岁以下的儿童。幼儿教育的最后一年包括学前教育，是芬兰教育体系的一个强制组成部分。ECEC 课程是可选的，许多儿童在公立或私立幼儿园或私人保育员的帮助下参加。所有提供 ECEC 课程的机构都要满足芬兰的《国家幼儿教育与护理核心课程大纲》规定的主要目标。该文件的最新版本于 2022 年发布

（FNAE，2022），包含横贯技能或知识的六个维度。这些维度相互关联，从 ECEC 一直延续到基础教育。

这六个维度命名如下：

- 思考与学习
- 文化知识、互动与自我表达
- 自我照管，掌握日常生活技能
- 多元读写能力
- 数字知识
- 参与和采取行动

2018 年公布且目前（2022）已被采用的核心课程中也提到了相同的维度。这两份文件提到的横贯技能之间的主要区别是，在 2018 年版中，多元读写能力与信息和通信技术被归入同一标题下。

思考与学习

思考与学习是指掌握、处理和创造新知识所需的技能，包括创造性和批判性思维技能。ECEC 通过为儿童提供“丰富和有意义的经历”来支持这些技能（FNAE，2022，第 20 页）。ECEC 课程指出，玩耍是儿童发挥想象力、创造力和与世界互动的重要平台。该课程要求为学生思考和学习所需的技能设定一个环境。在这个环境中，辅导教师鼓励儿童提出问题、质疑问题，让他们体验快乐，培养坚持不懈和百折不挠的精神。在所设定的环境中，还包括日常体育活动（FNAE，2022）。

文化知识、互动与自我表达

与文化知识、互动与自我表达相关的技能包括与他人互动、倾听和理解不同观点的能力。表达思想和理解他人的技能对个人的身份认同和幸福感很重要。与他人互动还要求儿童学会理解和尊重各自的文化、宗教和世界观背景（FNAE，2022，第 21 页）。该课程强调，教育工作者是儿童学习语言、文化和多样性世界观的榜样。ECEC 通过游戏、餐饮和庆祝等方式为儿童提供不同类型的传统和习俗体验（FNAE，2022）。

自我照管，掌握日常生活技能

培养儿童安全和健康生活所需的技能包括可以在日常生

活中用到的基本技能和情感技能。基本技能通过逐步让儿童独立完成自己的日常事务来培养，如穿衣、用餐、注意个人卫生和收纳个人物品。此外，基本技能还包括遵守当地的自然和交通法规。ECEC 课程帮助儿童识别和命名不同情绪，尊重自己和他人的身体，支持他们发展自我调节技能和情绪表达。幸福感指向一个包含身心两个层面的整体（FNAE，2022）。

多元读写能力

多元读写能力是指解释各种类型文字材料所需的技能，包括口头、书面、视听或数字格式的文字材料。读写技能包括辨识、阅读图片、数字、媒体和传统文字材料的素养。儿童通过使用和制作各种类型的文字材料练习这些技能。因此，儿童既需要成人树立的榜样，也需要专为儿童设计的文化服务（FNAE，2022）。

数字知识

数字知识可以通过使用各种类型的数字仪表、应用和环境获得。这些工具可用于文档编制、玩耍、社交、探索、运动和艺术等多种活动。儿童可以自己或与其他儿童一起尝试和制作内容（FNAE，2022）。

参与和采取行动

建设可持续的未来需要儿童掌握积极参与和采取行动的技能。ECEC 推动儿童参与涉及自身生活的问题并发表意见，为民主的核心基础提供支持。在这一过程中，教育工作者应倾听并回应儿童的声音，与他们一起参与规划、制作和评估活动。教育工作者有责任确保所有儿童都有机会参与 ECEC 并发挥作用（FNAE，2022）。

如前文所述，2022 年课程中的横贯技能与 2018 年课程中的几乎相同。不过，一些维度，如自我照管，多年来一直是芬兰 ECEC 的核心。同样，该课程的早期版本中也涉及一些新目标。例如，自 2014—2016 年课程更新以来，多元读写能力一直是 ECEC 的一个培养目标。

因此，必须充分了解横贯技能和素养的内容，并将其融入芬兰 ECEC 课程。然而，这些技能在实践中的练习和应用因 ECEC 机构而异。由于 ECEC 包含一整套教育方法，因此不同维度共存并交织在一起是很自然的。例如，支持培养多元读写能力的活动也可能支持培养数字技能、参与和文化知识（如 Sairanen 等人，2019）。为了将横贯素养融入 ECEC，还为教育工作者编写了补充材料。Sairanen 等人（2019）报告了 ECEC 的教师如何以各种方式使用培养多元读写能力的教学材料来激发儿童的故事讲解能力，并通过照片、动画和数字绘画等方式增强他们的故事性。用来培养儿童多元读写能力的活动卡上包括对芬兰自然环境和神话的描述，因此这些活动还提高了他们的文化素养（Sairanen 等人，2019）。除了使用数字媒体，讲故事还为儿童参与 ECEC 的人际交往过程提供了重要平台。

ECEC 活动的核心是玩耍，这也是练习和增强横贯技能的核心（FNAE，2022）。除特定活动外，玩耍是 ECEC 帮助儿童掌握自我照管的能力和获得日常生活、参与和练习自我表达所需技能的核心方法。同伴之间的玩耍是儿童学习社交的主要方式。通过自由玩耍，儿童获得了经验（Kangas & Brotherus，2017），学会了创建和保持合作（Pursi & Lipponen，2020）。然而，研究也表明，ECEC 的日常活动可能会限制儿童自由玩耍的机会（Kangas & Brotherus，2017），且儿童在与同伴玩耍时也需要成人指导（Pursi & Lipponen，2020）。因此，全面掌握横贯技能要求 ECEC 教育工作者有意识地以促进横贯技能发展的方式规划活动（Merjovaara 等人，2020）。

三、芬兰基础教育和横贯素养国家核心课程

芬兰基础教育从 7 岁开始，由小学（1 至 6 年级）和中学（7 至 9 年级）两个阶段组成。目前的芬兰基础教育核心课程（2014）包含所有学校科目的目标和核心内容。所有提供基础教育的教育机构都需要遵循核心课程要求，不论其重点是什么。芬兰的私立学校很少，但它们也必须遵循核心课程的主要指导方针。

目前的基础教育课程引入了对现在和未来参与社会尤为重要的七种横贯素养。通过横贯素养，教育旨在支持学生健康成长，提高学生参与民主社会所需的素养，并支持学生发展可持续的生活方式。该课程还认为，必须支持学生认识到自己的优势和成长的可能性，并欣赏自己。

根据芬兰国家教育局（2014）的说法，横贯素养应融入每门学科的教学中。不同的跨学科方法是支持横贯素养发展的关键。在芬兰，全人教育和课程整合这两个术语可用于强调那些用跨学科方法与学生一起探索不同主题和现象的教学

方法。整合课程是为了让人们理解所研究问题之间的联系和关系，帮助学生将不同学科的信息和技能联系起来，并将它们组织成有意义的整体（FNAE，2014）。

课程整合需要侧重于探索现实生活现象和主题的教学方法，尤其注重跨学科（见 Kerry，2015）。根据芬兰国家教育局（2014）的研究，用于研究跨学科现象的时间、内容和工作方法可根据学生的需求、兴趣和教学目标调整。整合可在教学过程中实施，例如，在两个或多个科目中同时学习相同主题，或者举办主题日、实地考察或不同类型的联合活动。每一学年，每所学校的每个年级至少要开展一个主题或项目的活动，例如，从不同学科角度探索某一特定主题的多学科学习模块。每所学校自主决定项目的主题、内容和组织形式。不论何种形式和内容，都必须让学生参与到学习模块的计划和组织过程中（FNAE，2014；Vitikka 等人，2016）。

芬兰国家基础教育核心课程（2014）中的横贯技能或素养包括七个维度：思考和学会学习，文化素养、沟通与表达，管理日常生活、照顾自己和他人，多元读写能力，信息与通信技术素养，职业生活与创业素养，以及参与、影响与构建可持续未来。此外，全球教育是指导所有基础教育的基本主题。这些素养已经在英文（Harju & Niemi，2017）和中文（Harju 等人，2017）文章中介绍过，以下阐释使用了这两篇文章的内容：

思考和学会学习

思考和学会学习的技能为终身学习奠定了基础。这些技能包括“观察、探究、评价、编辑、整理呈现以及分享信息和观点”的能力（FNAE，2014，第 20 页）。这些技能包括寻求和创造新知识、管理相互矛盾的信息以及形成自己观点的能力，以及从多个角度考虑问题和更新自己思维方式的能力。各种教学方法寓教于乐，包括游戏、玩耍、艺术和体育活动。除了分析思维技能，这些教育方法还引导儿童发挥自己的想象力和培养道德思维（FNAE，2014）。

文化素养、沟通与表达

文化素养、沟通与表达是指教育支持学习者理解社会、文化、宗教、哲学和语言多样性的方式。基础教育应支持儿童形成身份认同，尊重他人的身份认同和人权。教育为学习者提供体验各种形式的艺术、文化和文化遗产的机会，帮助发现它们对个人和社区福祉的意义（FNAE，2014）。

管理日常生活、照顾自己和他人

这种素养涉及健康、安全、人际关系、社会流动和交通，目的是支持学生在科技化水平日益提高的日常生活中行动，让学生学会理财和消费，理解它们对于自己和他人生活的影响（FNAE，2014）。

多元读写能力

这种素养的目的是提高学生对不同类型文本进行阐述、生产以及有效评估的能力，同时提升学生感知世界文化差异的能力（FNAE，2014）。

信息与通信技术（ICT）素养

信息与通信技术素养是一项重要的公民技能，也是多元读写能力的一部分。教育的目的是提升学生的实践能力、责任感、信息处理能力、创造能力、合作和社交能力（FNAE，2014）。

职业生活与创业素养

这项素养的目的是帮助学生形成对待工作和生活的积极态度，理解在学校学习和课余学习的能力对其未来职业的重要性，以及培养他们与校外不同人群合作和交流的能力（FNAE，2014）。

参与、影响与构建可持续未来

这项素养的目的是支持学生参与制定、实践、检查与评价自己的学习计划，学会合作，以及培养学生践行民主、决策的能力与社会责任，帮助学生认识到选择对自身以及当地环境、社会和自然的影响。此外，这项素养以促进可持续发展的未来为目标（FNAE，2014）。

全球教育

除了七项横贯素养之外，国家基础教育课程还致力于促进全球教育和联合国制定的促进可持续性和公平的目标（FNAE，2014）。

我们有芬兰基础教育中提高横贯技能经验的研究证据。横贯技能建立和扩展了 ECEC（2018，2022）中包含的技能，并通过所有学科进行实践。有些横贯技能是指探究、产生、处理或创造某些类型信息的特定素养，例如，思考与学会学习的第一个维度是指一般认知素养，这些素养对于培养终身学习所需的技能和发展个人学习过程中的主体性至关重要（Vainikainen 等人，2015）。研究表明，学生具有不同的认知素养，初等教育在发展学习和培养横贯技能所需的认知结构方面可以发挥重要作用（Vainikainen 等人，2015）。

横贯技能的情境化和应用取决于当地学校、学科和教育工作者的素养。正如 Palsa 和 Mertala（2022）所提出的，不存在单一的框架可以将这些横贯技能融入当地课程。因此，在教育中应用横贯技能既需要结构因素，也需要教学材料（Kangas & Rasi，2021）。例如，为了研究如何通过数学和社会研究来情景化和培养多元读写能力，Palsa 和 Mertala（2022）研究了 220 门芬兰本地课程。他们得出以下结论，多元读写能力的情景化可能发生在：（1）涉及整个学科范围的一般学科层面，（2）与学科学习目标有关的特定目标层面，（3）基于年级目标的年级层面。

因此，这些技能的成功应用要求教师具备教授特定技能的心态和素养，如多元读写能力和计算能力（Mertala,

2020）。教师的心态和素养对于教师发现特定技能如何连接和支持学生成为独立、批判性思考者的总体教育目标而言至关重要（Mertala，2020）。然而，相关研究也表明，芬兰教师很少接受横贯技能所涵盖领域的培训，导致一些教师很难将这些技能完全融入日常教学。特别是包括计算、金融知识或创业精神在内的素养，如果没有首先获得这方面的专业培训，教师可能很难提升自身的水平（例如，Mertala，2020；Ranta等人，2022）。

横贯技能或素养的作用应始终是促进课程的核心价值和总体目标。因此，个人应注重技能培养，使自己的生活受益，同时促进人权，构建可持续的生活方式，并推动当地和全球范围的正义。尽管许多国家以联合国或联合国教科文组织等国际组织规定的目标为指导，但许多国家的课程中缺乏关于如何实现这些目标的具体指导方针或有价值的倡议。例如，Lehtomäki 和 Rajala（2020）指出，芬兰呼吁将全球教育作为一种可通过跨学科主题加以推广的价值观，这在欧洲教育体系中是独一无二的。这也意味着在芬兰和国际上都缺少一个能够促进这方面教育的共同框架。

四、2019 年芬兰普通高中国家课程

芬兰的高中教育包括普通高中和职业机构及培训。普通高中教育代表了一种学术取向，它的核心课程与基础教育相似，提出了教育的一般价值观、目标和主要内容。在高中阶段，横贯技能涉及掌握一般知识、个人成长、建设可持续的未来，并提供学生接受高等教育、工作和生活在国际化世界中所需的技能、知识、价值观、态度和意志（FNAE，2019；2020）。横贯技能或素养包括六个方面，即：

- 幸福素养
- 互动技能
- 多学科和创造性素养
- 公民技能
- 伦理和环境素养
- 全球和文化素养

幸福素养

幸福素养涵盖幸福的生理、心理和社会层面，包括容忍不确定性和对未来充满信心的素养，以及获得健康习惯的

知识。促进自己的幸福和他人的幸福有助于上述目标的达成（FNAE，2019）。

互动技能

个人对学校社区的归属感有助于培养学生的互动技能。培养互动技能的方式包括学习识别和衡量自己的情绪，倾听和尊重他人，预测他人的感受和观点等。互动技能的一个重要目标是处理冲突的能力和认识到互动是建设可持续未来、民主与和平的核心（FNAE，2019）。

多学科和创造性素养

多学科和创造性素养提高了学生以不同方式搜索、使用和提供信息的能力。这包括有意识地练习多元读写能力，通过综合考虑环境、经济、技术和政治观点来探讨适合未来的可持续解决方案（FNAE，2019）。

公民技能

高中教育通过加深学生对自己在与他人共同创建民主社会中的作用和责任的理解，培养学生的公民技能。公民技能还包括能够容忍不确定性、挫折和失败的创业态度。公民技能还包括对社会资本的理解，以及如何采取行动来增加社会资本（FNAE，2019）。

伦理和环境素养

伦理和环境素养是对可持续生活方式的基本理解，包括生态、经济、社会和文化及它们之间的相互联系。教育有助于学生理解促进环境可持续发展的生活方式的重要性。通过学习，学生将熟悉联合国《改变我们的世界——2030 年可持续发展议程》的目标，并学会思考如何实现这些目标（FNAE，2019）。

全球和文化素养

全球和文化素养包括采取国际行动以及使用不同文化和语言的媒体和资源的技能。学生应学会认识和反映文化遗产对芬兰社会、欧洲和全球公民身份认同和生活方式的重要性。根据《改变我们的世界——2030 年可持续发展议程》的目标，学生有机会探索和练习与全球公民相关的技能和准则。教育帮助学生获取人权知识，成为支持人权、公平和文明生活方式的活跃分子（FNAE，2019）。

高中教育阶段的横贯技能培养，进一步深化和拓宽了早期教育或横贯技能的水平。年轻人通过高中阶段的教育获得工作和保持健康的个人生活所必需的技能，为其今后的独立生活和获得有效的公民身份做好准备。除了学科学习之外，高中教育还可以通过多学科学习模块培养横贯技能，在这些模块中，学生通过基于探究或现象的学习方式进行学习。

高中阶段培养横贯技能的一个案例是坦佩雷教师培训学校开发的“人类——我是什么”学习单元。这个学习单元是芬兰教育文化部资助的“普通高中跨学科学习”项目的一部分，目的是提升幸福素养、互动技能以及多学科和创造性素养领域的横贯技能（Kuisma & Ratinen，2021）。该学习单元的时间表和目标由不同学科领域（生物、体育、物理、哲学、心理和艺术）的六名教师规划，其中包括探究式学习模式，即允许学生自己制定可支持其学习过程的研究问题。学习单元覆盖所有学科，每学科三节课，但体育课和物理课由两位教师一起教授（Kuisma & Ratinen，2021）。根据不同的学科，教师向学生提供问题、讲授不同方法（生物、心理和艺术），或提出不同问题、讲解不同方法和给出解决方案（体育和物理）或让他们开展对话（哲学），这些方式有助于学生进行探究式学习（Kuisma & Ratinen，2021）。对参与学生数据的分析结果表明，该学习单元拓展了学生对不同学科的概念理解。

显而易见，横贯技能的教与学需要结构性的元素来支持学习目标。对于在高中教育阶段通过基于现象的学习进行多元读写能力的教学和学习问题，Kangas 和 Rasi（2021）强调了教师和学生对多元读写能力学习的参与和兴趣，使用多元读写能力教学法，以及包括进行跨学科合作的时间和资源在内的结构性元素。他们的研究表明，结构性元素具有挑战性，因为课程安排紧张，且高中教育阶段的大部分学习内容和时间由各学科的国家入学考试决定（Kangas & Rasi，2021）。

五、芬兰教育体系横贯技能培养的总结

横贯素养和技能，也称为跨学科主题，是涵盖幼儿教育到高中教育的芬兰教育体系的一部分。素养发展课程从幼儿教育开始，持续并扩展到整个学校系统。在幼儿阶段，横贯素养学习目标成为幼儿园或其他幼儿教育机构开展的日常活动和玩耍的一部分。在基础教育和高中教育阶段，横贯素养

的形成需要学校科目和规划跨学科学习模块或基于现象的学习来支持。

在芬兰教育体系中，横贯素养包括通过各种方式培养学生学会学习的能力，如培养学生的好奇心和获取信息的能力，鼓励学生主动行动、练习批判性思维技能和各种形式的读写能力。横贯素养旨在培养学生独立工作和与他人合作、适应变化以及发展韧性的能力。除了特定技能外，横贯素养还要求学生学会管理日常问题和以可持续的方式生活。因此，横贯技能和素养具有道德维度，可提升学生的身体、心理和社会幸福感，并使他们以道德和负责任的方式对待他人和自然环境。

我们根据芬兰教育体系的课程和教育机构在成功实施和培养横贯素养方面的经验提出了一些核心思想，现总结如下。

第一，尽管课程规定了一般性指导方针和目标，但也允许地方机构基于当地情况进行决策，并给予教育工作者和学校、社区自主开展活动的自由。尽管横贯素养教育应该在所有学科中开展，但也可通过联合项目或活动来实施，这些项目或活动的进行时间可能要求师生之间的配合，因此需要归于结构层面的自由和支持。

第二，研究还表明，由于掌握横贯技能是每个人的责任，而不是某个人的责任，因此落实横贯技能的方式在很大程度上取决于教师的兴趣和能力。为此，教育工作者可能需要补充知识或特定技能培训，如计算能力或多元读写能力，然后才能成功地将它们融入日常教学。

第三，培养横贯技能和素养需要各种教学和学习技巧，其中包括教师主导的方案以及基于探究性或现象的学习。将学习与学生日常生活和校外世界联系起来的项目以及旅行是促进这些技能提升的关键。鼓励学生参与这类活动并在其中发挥积极作用是很重要的，因为技能和素养的发展需要实践。

第四，除了学生，教师也需要共同合作来规划跨学科的活动和主题，从而形成一个有意义的实体。此外，教师还需要反思和发展自己在某些领域的技能，为学生树立榜样。

第五，横贯技能的培养需要建立在教育的核心价值和目标之上。因此，支持这些技能的方式需要与建立可持续生活方式的道德目标保持一致。为此，在所有的教育目标中都应强调全球范围内人与自然的相互联系。

第六章

未来学习者素养框架

一、全球素养发展趋势与未来学习者素养框架的设定

过去几十年来，全球教育界关注的一个焦点是确定年青一代应该具备的核心素养或技能，以适应未来的发展要求。根据对国际教育趋势的概述，在 20 世纪 70 年代以来教育界所关注的素养中，大部分素养保持不变，但是在过去的几年里，有的素养发生了细微的变化并新增了一些特殊技能。

未来学习者素养框架旨在确立一个全球素养框架，从而为中国和全世界的学校提供教学支持。它选取了五大核心素养：探究、批判、创造、关怀和协作。这一框架面向教师、课程设计者和所有的利益相关方，目的是培养“未来学习者”。

本章对这一全球素养框架进行了说明。我们建立包含这五大素养的框架的原因是：虽然目前有若干个关于全球素养或未来素养的体系，但是由于情境的复杂性和分散性，师生难以在日常的学校生活中运用这些素养。另外一个原因是我们认为有必要将学习的认知、社交和情感过程更紧密地联系在一起，形成一个综合性的框架。

未来学习者素养框架旨在为师生提供从儿童早期教育到成人教育的相关指导，这一框架的出发点是基于最新的教育

学和心理学前提。过去的几十年中，学习研究的范式发生了转变：从早期的基于外部规范的行为主义方法转变为强调社会文化情境因素和学习的能动性。发生这一转变的源头是 20 世纪兴起的社会文化理论、建构主义和社会建构主义。学习科学领域的多学科交叉研究也对学习者的理念产生了影响。“学习科学”（Fischer 等人，2018）提出了关于学习的一系列重要问题：“我们如何赋权学习者并赋予其能动性？如何利用技术实现这一点？学习者在提出问题、做出预测和解释说明时会经历哪些心理过程？我们如何帮助学习者在做这些事情时收获更多以及如何帮助他们熟练地进行这些实践活动？我们如何对学习者制定的目标施加影响，使其在学习者的自主学习过程中发挥积极作用？为此，我们应该提供哪些相应的课堂文化、教师的实践机会和学习材料？”对这些问题的答案进行总结之后，我们发现：学习是在学习者和其所处的社会文化环境之间进行的一个非常复杂的、互动的过程。

研究人员发现：学习者对于自身和他人的认知、学习者的身份、学习者支配其身体并与世界进行互动的方式、学习场所的文化环境、在学习过程中得到的何种方式的帮助以及提供帮助的人都会对学习者所关注的内容、投入时间、交流方式和最终学习的结果产生影响（Fischer 等人，2018）。

所有的未来素养或者全球素养的宗旨都是为了培养主动学习者，因为我们处在一个不断变化的世界，必须不断地学习新的技能和素养。要实现主动学习，学习者需要在学习时调动认知、社交和情感过程。建构主义认为学习者是具有主动性的知识创造者。Piaget（1973）认为学习者通过构建自身的逻辑思维进行学习，并且能够构建自身对于这个世界的理解和知识体系。Bruner（1973，1996）在理解学习的意义方面做出了很大的贡献，他强调：学习者需要的远不止事实，他们更需要的是能够创建有意义的学习单元和学习策略的机会。Bruner 认为学习是一个主动的社交过程，学生在此过程中构建新的知识体系。Merriam 等人（2007，第 292 页）对构建论进行了分析，并指出“不同形式的构建论都认为学习是一个主动的行为，而不是被动的行为”。Pea 则认为：教师的任务是向学生传授学生认知范围内的学科知识结构。这种支架式教学模式能够帮助学习者运用其生物和文化工具，以建立他们对特定任务的理解（Bruner，1977；Pea，2004）。总之，构建主义教学模型遵循的理念是：由学习者构建其自身的知识体系，而不只是接受教师传授的知识。

社会建构主义强调的是文化和情境在知识体系构建中的重要性。根据这一理论，学习存在于社交过程中（Gergen，1999；Fletcher，2009）。Vygotsky（1978）则强调学习的社会属性。任何一种学习都是在一定的社会文化情境中进行的。Vygotsky 认为不论学习什么，都分两个层面。首先是与他人互动，然后形成自身的心智结构。所有的高级功能均源自个体之间的实际关系（Vygotsky，1978，第 57 页）。其次，Vygotsky 提出了“最近发展区”理论，即“学生的发展有两种水平，一种是独立解决问题的水平，而另一种是在成人的帮助下或者与更有能力的同伴合作学习可能达到的水平，两者之间的差异就是最近发展区”（第 86 页）。学习者能够主动学习，但是需要语言、符号、书籍、科技设备和其他文化工具等媒介的支持，并且在发展过程中需要获得他人的帮助。

学习过程会涉及学习者的情感及其对于自身作为学习者的看法。自从 Bandura 提出“自我效能”理论（Bandura，1986）以来，有诸多证据证明：积极的自我评价和自我效能会对学习的过程和结果产生较大的影响。同时，很多研究结果表明：参与度和学习的热情决定了学生主动学习的程度（Reeve等人，2004；Sadik，2008；Niemi & Multisilta，2016）。因此学习者的社会情感状况是很多未来学习理论的一个关键理念。

总之，正如经合组织学习罗盘2030中所指出的，最近关于学习的研究结果强调了学习者具备学习主体性的重要性，体现了学生有能力和意愿对其自身的生活和所处的世界产生正面影响这一原则。因此，学生的学习主动性是指学生能够设定目标、进行思考并且以负责任的方式采取行动从而带来改变。它强调主动行动而非依据要求行事，进行自我塑造而非被塑造，以及做出负责任的决定和选择，而不是接受他人做出的决定（OECD，2018；2019）。学习者的主动性和对学习的投入，即通常所说的主动学习或参与式学习，也是未来学习者素养框架概念的一个重要目标。

未来学习者素养框架下的素养与其他的未来素养、全球素养或横贯素养之间有很多共同点，但是也有一些区别于其他素养的特点。其中最主要的差异是未来学习者素养框架强调关怀素养，并为学与教设置社会、情感和道德条件。

未来学习者素养框架包含了五大核心素养：

- 探究
- 批判
- 创造
- 协作
- 关怀

以上素养的特点相互重合，共同构成一个有机整体（如图5所示）。但是，每个素养都有区别于其他素养核心的界限。

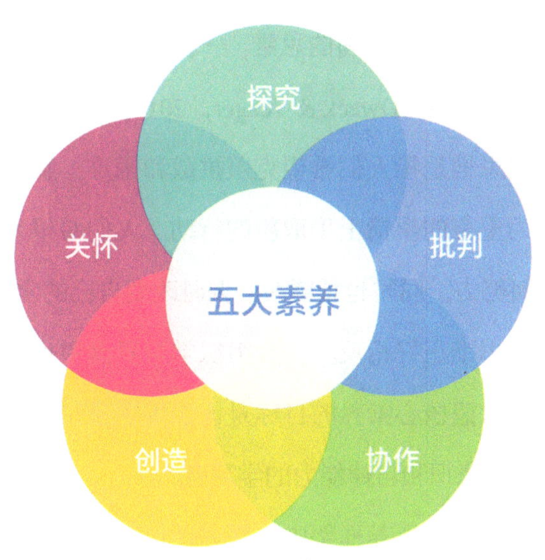

图5　未来学习者素养框架下的五大全球素养

二、探究

尽管其他的未来素养体系中没有将探究单独列为一项素养，但是大多数未来素养体系都设定了这样一个目标：学习者应当成为具有主动性的知识创造者，对学习新事物充满好奇心并参与学习（OECD，2019；UNESCO，2021；EU，2006）。其目的是让学习者具备自律能力、持之以恒的毅力和适应能力，以实现其目标。这些品质多数都基于 Carol Dweck 的思维定势理论或者 Bandura 的自我效能理论。根据 Dweck 的理论，人类有两种不同的思维，一种是成长型思维，另外一种是固定型思维（Dweck & Yeager，2018）。

成长型思维是指人们希望克服挑战和困难，解决问题并且在其认为重要的事情上采取新的行动。人们希望为实现设定的目标而努力，同时也希望在必要时改变自己的学习行为，这与固定型思维正好相反。经合组织学习罗盘中也提到了成长型心态，欧盟核心素养的目标是让学生学会如何成为一名具有自主学习意识和自律能力的学习者。

在未来学习者素养框架中，探究还包括好奇心。好奇心与学习者的情感和动机状态有关，它是学习过程中的一个积极驱动力，并且会影响学生从开始一项学习任务到坚持完成这项学习任务的学习动机和参与度。Wade 和 Kidd（2019）研究发现：学生的先验知识不仅会对其好奇心产生影响，还会对理念创新、课题熟悉程度和目标的相关性产生影响。该研究结果表明了好奇心与学习之间的双向关系。首先，学习者对于其先验知识的认知及其对新信息的更大的好奇心之间存在联系。其次，好奇心与较好的学习成果之间存在相关性，基于好奇心与学习之间的反馈环，好奇心可以促进学习行为并达到更好的效果。未来学习者素养框架的目标是营造一种教学环境氛围，通过学生的好奇心驱动学习。

在未来学习者素养框架中，探究是指保持好奇心、提出新问题、为了实现自己设定的目标而努力、反思和评价自身学习过程和成果并且修正自身学习行为的能力。探究的含义还包括开放地看待为了实现特定目标而发展新技能和新素养。

三、批判

在全球素养或未来素养体系中，批判是其中的一个关键的技能或者素养。批判往往被视为解决问题的能力或者做出社会贡献的一部分（UNESCO，2021），它是一个较为广泛、复杂的概念。早在20世纪80年代，Ennis就设计了150多个题项以解释批判的概念（Ennis，1987）。根据Ennis（1985）提出的理论，批判的核心是“合理地反思，重点是确定要相信什么或者要做什么”（第10页）。Mcpeck（1981）认为，批判包括反思和怀疑的倾向和能力。

美国哲学家John Dewey（1910）最早将“批判”列为一项教育的目标，他称之为“反省思维”，即能动、持续和细致地思考任何信念或被假定的知识形式，洞悉支持它的理由以及它所进一步指向的结论（Dewey，1910，第6页；1933，第9页）。

《斯坦福哲学百科全书》（2018）中指出：批判与解决问题、做出决定、高阶思维、创新思维和其他公认的思维模式紧密相关。斯坦福大学的研究人员指出：在历史上，“批判”和“解决问题的能力”是同一个概念的两种表达。在Bloom的《教育目标分类法》（Bloom等人，1956，第38页）中，“智力和技能”和“高阶思维能力”有许多种解释，不同的研究人员分别称之为“批判”“反思”和“解决问题的能力”（Ennis，1981）。

包括Fung和Howe（2012）以及Fung（2014）在内的许

多研究人员都采用了 Kuhn 的批判性思维理念（1999）。Kuhn 认为批判是一种合理的论证，包括五大批判能力：

> （1）能理解意见与证据之间的不同；（2）能提出充足的证据支持个人的立场；（3）能从不同的观点出发进行思考，并且利用证据证明其合理性；（4）能利用既能支持个人的观点又能反驳他人观点的证据；（5）能判断证据的可信度（Kuhn，1999）。

批判的侧重点可以是不同的主题，例如解决具有挑战性的社会性问题 / 挑战和改变整个社会。在联合国教科文组织的使命中，批判是促进人权、民主、自由和可持续发展的价值观所需的一种核心素养。在未来的世界，所有的公民应当批判性地看待问题并寻求新的解决方案。过去十年来，求真已经成为一个要务，学校教育面临的任务是教会学生如何区分虚假信息和基于证据和科学研究的信息。

在未来学习者素养框架中，批判是指学生应当具备的评判某个论据质量的能力，包括其原因、假设、证据和结论的可接受程度。

四、创造

在未来素养或全球素养体系中，经常会提到“创造”一词。但是，在这些体系中，创造具有不同的含义：创造可以是一种解决问题的能力；对于社会或产业创新而言，创造是指一种创业精神。在教育和心理学领域，根据采用的理论和范式的不同，创造可以有数百种不同的定义，这些定义与有创造精神的个人特征（例如好奇心和解决问题的需求）有关。

Csikszentmihalyi（2013）在如何理解创造方面做出了显著的贡献。他认为创造使人类的生活变得有意义。发现并且创造新事物的过程会让人心生向往、兴奋不已，并觉得生活更加充实。创造的范围很广，它涵盖了我们正在做和正在学的一切事物：我们如何运用语言和其他文化产品？我们如何想象和创造未来？我们如何提升个人的创新能力？

通常而言，创造的定义包括这样一种理念：人们需要通过全新的方式或者从另一个视角看待事物，能够想出新的可能性或新的替代方案。创造也可以指思考、设计和生产新奇事物的一种创新过程。根据这一定义，创造的状态或质量是指有能力突破传统的观点、规则、模式和关系并运用想象力形成新的、有意义的观点、形式、方法和释义，从而实现独创性和先进性。

Sternberg（2010）提出创造包括五个内容：专业知识、想象思维能力、冒险型性格、内在动机以及能启发、支持和完善创造性想法的创新性环境。Franken（2007）总结了推动人类进行创造的三个原因：（1）对于新奇性和多样性的需求以及复杂的刺激；（2）不同观点和价值观之间进行交流的需求；（3）解决问题的需求。

创造也适用于创意产品或艺术品，既包括美术、音乐、舞蹈等艺术产品，也包括新设备、模式、实践、思维方式和应对挑战的解决方案。两者的共同特点是新颖。但是，在某些情境下，创造还包括同时追求新颖性和创新价值这样一种理念。

创造研究的一个通用主题是：人类需要努力工作才能实现创造（Csikszentmihalyi，2013）。Csikszentmihalyi 对享受和愉悦进行了区分。他认为努力工作是一件令人愉悦的事情。满足生理需求给人带来享受，但是全身心投入到创造活动会让人感到愉悦。Csikszentmihalyi 还将这些状态称为“高峰体验”：纵观人的一生，我们希望一直活下去。例如，沉浸在创作美丽画作过程中的艺术家正在体验“心流”（“高峰体验”），当人们在艰难的情况下获得重要的灵感时也会感受到“心流”。

Csikszentmihalyi（2013）认为，当一个人自发地努力工作以完成重要的事情时，往往能获得“高峰体验”。例如，当一名游泳运动员正在参加其职业生涯中最为困难的一场比赛时，会出现肌肉抽筋现象并感到疲劳，但是当她回忆起这场比赛时，仍然认为是值得的，因为她用意志力主导自己的行为并且敬业地完成了比赛。享受有助于理清意识，但它不能产生新的秩序。换言之，享受不会促进个人的发展（Csikszentmihalyi，2013）。相反，愉悦感可以创建新的意识秩序，这是因为只有付出努力才能获得愉悦感。当一个人实现一个需求或愿望时，会产生愉悦感，同时会：

- 实现意想不到的或者无法想象的事情。
- 产生一种满足感和新奇感。
- 感觉自己仿佛发生了改变和成长为了更综合发展的人。

在未来学习者素养框架中，创造是指一种学习过程，其目的是教会学习者在面对问题时能够想出新颖的替代性解决方案、投入到创新产品的开发或者采取新的思维模式，并学会持续创新。

五、关怀

关怀是儿童早期教育计划和课程领域的一个典型概念。儿童早期教育和护理是一个国际化的理念。通常而言，它指在教育过程中的教育和护理是一体的。儿童早期教育和护理关注的是儿童基本的生理和情感需求，其目标是让儿童感受到自身的价值、被他人所理解并与他人产生联系。在尊重的基础上开展的互动、积极的接触和亲密性构成了良好护理的基础。芬兰儿童早期教育和护理采取了综合性的护理、教育和教学方法，即“教育护理”模式，尤其重视教育学。根据最新的芬兰儿童早期教育和护理理念，“从理论上讲，三个维度是相互独立的，但是在实际操作过程中，这三个维度又是相互联系的，从而形成促进儿童的成长、发展和学习的整体方法。在针对不同年龄段儿童开展的活动中以及在不同操作模式下的儿童早期教育中，通过不同的方式强调教育、教学和护理”（FNAE，2022，第 22-23 页）。儿童早期教育和护理为终身学习奠定了基础。

在医疗护理领域，关怀也是一个非常有代表性的理念。医疗工作者最主要的职责就是照顾病患，尊重每一位患者，并确保患者得到最好的护理服务。对于医院或者其他医疗机构而言，医生和护士的职责是满足病患的基本需求。

很多时候，关怀被视为一种行为或美德，而不是一种理论。“关怀”的含义包括维护一个人自身的和他人的世界并满足自身和他人的需求。关怀是一个非常具体的词，但是它与尊重、同理心和责任等伦理价值相关。

尊重是指教师和学生都理解：每一位学习者都是独一无二的，因此其对于护理的需求也不尽相同。在社会情境下，会出现关怀行为。在 Pintrich 的经典动机理论和 MSQL 调查（Pintrich 等人，1991；Duncan 等人，2010）中，寻求帮助和给予帮助是一种成功的学习策略。学生应当学会如何互相帮助，并且意识到自己可以求助于他人。关怀也可以体现一个人的道德素质和态度，即考虑自身需求和利益之外的事情，超越自己，为了当地乃至全世界的福祉而做出贡献。这是一种以社区为导向的生活方式。

在未来学习者素养框架中，关怀不仅仅与早期教育相关。

关怀是贯穿整个教育制度（包括在工作情境中的成人教育等非正式教育领域）的基本要素之一。关怀是指尊重学习者的需求，并在认知、社交和情感方面给予学习者支持。关怀的目的是让青年学会照顾自己，同时为当地或者全球社区的福祉贡献自己的力量。

经合组织学习罗盘设定的总体目标是：教育应当支持个人和社区的幸福。在联合国的战略目标中，可持续性是所有教育制度的一个共同目标。为此，学习者应当在学习情境中了解并实践关怀、学会照顾自己以及社区内的其他人，最终为社会和世界的可持续发展做出应有的贡献。

在未来学习者素养框架中，关怀是指与社会情感行为和道德行为相关的素养。它包括责任、建设性贡献和社交关系中的同理心。关怀尊重人类的多样性，并理解不同的人有着不同的经历和社会情境。关怀的目标是为建设性地共处和共事提供支持。

六、协作

在全球素养和未来素养体系中，“协作”的含义会有一些变化。协作通常表示一种互动和沟通能力。协作遵守社会构建论和社会文化理论的基本原则，即社会要素是学习过程中的一个基本要素，甚至是学习的基础。在许多素养体系中，都提到了未来的工作或工作生活素养。未来的工作多数建立在协作和团队合作的基础上。学生的素养水平应当能满足与他人互动和参与小组工作的要求。由于日后有越来越多的工作需要在多元文化情境中展开，理解不同文化的能力将成为一个重点。然而，尽管未来工作的素养很重要，但是全球素养的关注点已经转变为包含工作生活层面以外的更多内容。经合组织学习罗盘 2030 指出：不是所有的学生都会对未来工作感兴趣，相反地，他们的兴趣点在于其生活条件。因此，经合组织也建议拓宽教育方法的范围，涵盖生活和社会层面的内容，而不仅仅是工作生活。所有的学习者都需要具备社会素养，因为学习产生于社交过程中并通过社交而完成。

在实践中，协作的方式有多种，可以是学习者与其团队中的同事协作完成某件事情，也可以是学习者与其支持者、提供支撑者或辅导者（例如教师、家长或其他成年人）之间的互动。不仅在实际环境中，在虚拟环境或者高科技环境中也可以进行协作。协作也是社交的一部分，人们在此过程中学习他人并分享经验。

认知学家、人类学家 Edwin Hutchins（1991）认为：分布式认知是社会文化理论中的一个基本概念。Salomon（1997）在教育心理学领域做出了很大的贡献，他提出：人们基于与他人的协同合作并借助文化工具和手段进行思考（Salomon, 1997，第 xiii 页）。技术是其中的一种文化工具，它提供了通过合作激发新思路和开发新产品的新模式。分布式认知是指共享认知资源的过程，在这一过程中，个体的认知资源得以扩展或者能够完成其不能独立完成的某件事。关于学生的学习能动性，经合组织引入了“共同能动性”的概念，即学生、教师、家长和社区为了实现共同的目标而一起努力。

在完成认知性和实践任务时，需要进行协作，但是协作与学习者的社会情感行为之间存在诸多联系。寻求帮助和给予帮助是关怀的一部分，但它们同时也是协作的核心素养。协作也具有道德属性，因此需要遵守伦理规范。与人类的其他行为一样，在协作过程中也应强调尊重、责任、信任和伦理问题。

联合国教科文组织将协作置于一个很高的地位。协作对于所有的人类行动而言都是非常重要的。但是，“一种新的社会契约”理念意味着开展全球协作，从而为全球的学习者提供更好的学习机会。只有国际组织和各国政府之间进行高水平协作，才能实现这一点。但是基本的观点是学校教育应当教会学生团结并理解区域协作或全球协作的重要性。

在未来学习者素养框架中，协作是学习者应具备的一种素养，即为了实现共同的目标而共同学习和共事。协作是基于尊重、责任、信任和不同文化间的理解等前提。协作素养还包括学习者在虚拟和社交媒体情境下需要具备的能力。

第七章

未来学习者素养框架的实施能力建设

一、应用“未来学习者素养框架”的一般原则

本章介绍了如何在教育中贯彻“未来学习者素养框架”包含的各种素养。在这一过程中，我们可以确定几个层面：国家课程、本地课程、教学方法和学生的学习。在不同的教育体系中，课程结构和功能是不同的。在集中式系统中，国家课程为教学方法、学习内容、结果和评估制定了详细的大纲。在分散式系统中，只有核心课程是在国家层面上设计的，而地方层面负责更详细的课程规划。因此，这会因为“未来学习者素养框架”实施环境的不同而不同。在实践中，教师对课程目标在课堂上实现负有最终责任。

正如前几章所介绍的，我们对全球素养有不同的定义和称呼，比如，全球素养或未来素养，或者其他概念，如通用技能、横贯素养。通常情况下，“全球”一词指的是具备国际意识和理解国际挑战的能力。“未来”一词的内涵是持续的变化，其性质可能是可预测和不可预测的，但无论如何它发生在未来。“通用性和横贯性”是指某些能力是人们终身学习的基础或核心能力，可以转移到新的环境中，也可以转移到未来的工作中。无论使用何种定义，这些素养所包含的

主要思想是:

- 它们是由知识、技能、态度和价值观组成的素养。
- 如果一个人缺乏某素养在实践中意味着什么的经验，就无法学习这些素养。例如，如果没有合作的经验，就无法学习合作。
- 为了实现全球和未来素养的目标，这些目标必须为教与学的实施提供指导，并在课程中以明确的目标呈现。

联合国教科文组织报告（2019）指出，“为了支持发展，课程必须使不同年龄阶段的学习者获得一系列素养，以帮助他们驾驭 21 世纪背景下快速变化、颠覆性的机遇和挑战，其中第四次工业革命（工业 4.0）是让情况更具变化性和复杂性的一个强大的催化剂。这对课程有重大影响”。

关于学习目标的实施，需要注意的是，不同环境下的课程结构可能有所不同。课程可以基于主科、跨学科、素养，或这些要素的组合。在芬兰教育体系中，不同级别的课程结构是不同的。儿童早期教育课程是非常跨学科的。在日常情况下，儿童通过游戏和体验来学习，从而整合社交和情感素养。小学和中学课程有主科、跨学科板块和横贯素养板块，这些不同的课程贯穿所有教与学的过程。职业教育多以跨学科和职业实质为导向，但全球和未来素养是所有学习中的重要组成部分，从而在所有层次的课程教学中融入未来素养。最主要的目的是，尽管课程结构不同，但所有年级都会把横贯素养与教学相结合。

课程作为一种规范性准则，规定了应该如何安排教与学。然而，课程研究表明，在课程目标和学校生活中实际发生的情况之间存在着差距。课程可以是有倾向性的、制定的或经验的，也可以是在校园实践中发生的非正式的隐性课程。全球和未来素养的培养也可能出现类似的情况。没有达到课程目标的原因或障碍有很多，例如：

- 教学只集中在那些测试学生学习成绩的科目上。
- 课程内容和目标的时间框架过于紧张。
- 课程内容是被限定的，且主要或仅以教材为基础。
- 教学和学习方法需要更多的灵活性，全球或未来素养的实施需要更大的空间或更多的设施。
- 教学需要跨学科的合作。

- 教师没有能力或不知如何贯彻全球和未来素养。
- 存在所谓的合法性危机，即使一些素养和目标在课程中有所体现，但其他教师或学校领导并不承认其价值。

接下来的内容总结了确保在学校实施全球和未来素养的基本条件。

二、学习者积极参与

全球和未来学习的共通性是基于建构主义、社会建构主义或社会文化理论。根据这些理论，学习是基于学习者的知识构建。学生积极参与到学习过程中，并参与到课程学习的规划、目标规划和过程规划中。参与度与动机和情感感知有关。

Taylor 和 Parsons（2011）分析了参与的概念，发现学生对学习可能有几种类型的参与：学术型、认知型、智力型、制度型、情感型、行为型、社交型和心理型。这些定义的一个共通性是，学习者被激励并积极参与到学习过程中，他们认为学习是相关的、真实的，而且往往也是有意跨学科的。

参与由两个组成部分：积极的情感体验和对学习目标实现的坚持不懈，这两个部分应该整合在一起。积极的情感提供了为实现目标而努力所需的能量。这意味着学习者愿意为学习任务的目标而工作。通过对学生如何学习 21 世纪素养的 5 项实证研究，Niu（2021）得出结论，学生在学习技能和素养方面发挥了积极作用，具有很强的能动性。学生在学习中扮演的积极角色和主动性也赋予了学生对学习的控制权。

三、学习全球和未来素养的多种方法

有关全球和未来素养的研究和政策文件表明，存在着各种不同类型的教学方法和实施方式。不过在这些方法中，最突出的是它们通常是相互协作的，并为学生提供工作经验，例如：

- 基于问题、基于项目、基于调查、基于设计、基于挑战的学习等等；这些类型的学习方法都是基于学生的探索和探究的。虽然这些变体之间存在差异，但它们有许多相似之处，使它们可以被视为具有许多相似特征的“近 亲”（Barron & Darling- Hammond，2008；Savery，

2006)。在芬兰，基于现象的学习也是这些变体之一。所有这些变体的主要目的是让学生学会设置问题或确定应该解决的问题，查询知识——通常是在团队中使用不同种类的信息来源，为解决问题或难题做出初步的解决方案，测试和反思他们的解决方案，公开展示它们，最后自我评估解决问题的过程和结果。

- 不同类型的合作学习模式；结对工作、知识创造和分组解决问题、展览、艺术展示等。
- 翻转课堂；学生在上课前学习并为下一节课做准备。
- 游戏式学习；学习可以通过在物理环境或虚拟环境中开展游戏来实现。
- 创客教育；学生们通过设计、修改和亲手操作来建造具体的产品。

四、学习任务真实、有意义，且结合全球和未来素养展开

旨在支持全球和未来素养的教育，注重学习任务的真实性，通过这些任务，学生可以看到与现实生活的联系，看到

学习的目的和意义（Fischer 等人，2018；Saavedr & Opfer, 2012）。学习可以在基于学科或跨学科的环境下进行，但诸如探究、协作、批判和创造等素养应与任务设置相结合。应用和使用知识的需要增加了任务的意义。此外，学习者在自己的学习中拥有能动性，可以提供一种控制感，增加学习的乐趣。真实的学习也意味着学习者有在课堂之外寻求知识和经验的机会。这些环境可以是当地社区、图书馆、博物馆、艺术和科学中心、志愿者的社区服务、自然环境等。目的是让学生能够进行观察，寻求知识，为他们的论证收集数据或其他证据，或以其他方式将他们的学习扩展到各种环境中。

五、教师在未来和全球素养中扮演的角色

在教授未来和全球素养时，教师的角色也在发生变化，从而带来了如何定义好教学和如何定义好教师的问题。Lee 和 Tan（2018，第 11 页）对这些变化进行了分析，并得出结论：这种新的学习环境将要求教师思考他们是继续扮演“舞台上的圣人”的角色，还是改变他们的角色，成为学生“身边的指导者”和“中间的调停者”。在新的学习背景下，好的教学

不再是由知识的传播程度决定，而是由学生在课堂上学到的或课堂外发现的初步知识为基础，对所学知识进行良好的组织和衔接。教师逐渐成为“教学的编织者”。

在中国，教和学也在发生变化。2016 年 6 月 5 日，北京师范大学中国教育创新研究院和世界教育创新峰会在北京联合发布了报告。这份报告宣布，21 世纪素养的概念是中国教育改革的新方向，开展以学生为中心、跨学科、注重实践的学习将有效地培养 21 世纪素养（Zhao，2016）。

必须在课程中认识到教师的角色是不断变化的，教师在教学中需要提供侧重于学生体验和能动性的方式来组织教学的方针。教师自身的专业学习也需要帮助，他们要有探究、批判、创造、关怀和协作方面的素养和经验，以便帮助学生成长。

六、评估对学习的支持

评估全球和未来素养是一个紧迫而复杂的话题。为了评估学习成绩，首先应该知道主要的评估内容与方法。关于素养评估，需要研究如何评估或评价技能的长期应用、技能的获得或者技能使用时的表现（Bransford & Schwartz，1999）。

对横贯素养的评价和评估在大多数国家是一个新问题。

欧洲研究项目“横贯技能评估2020项目”指出，教育系统迫切需要探索新方法，设计新活动，让学习者具备核心横贯技能和素养，以满足21世纪社会的需求（例如，见ATS2020, 2017）。该项目正通过与250所学校合作，在10个试点国家的一系列真实课堂上开发、测试和实践其评估方法，涉及1万名学生。该项目找到了一些方法，通过这些方法，用技术工具来支持初中学生和教师的评估过程。根据该项目，电子档案（e-portfolios）可以作为确定横贯技能学习过程的重要工具。

全球素养也已被纳入国际学生评价项目测试（PISA global competence framework），同时经合组织学习罗盘为衡量全球素养提供了理论基础。然而，这些实例所使用的框架并不完全相同；更重要的是，它们的目的并不相同。经合组织告知，《经合组织2030学习框架》为教育系统的未来提供了愿景和一套基本原则。PISA 2018年全球素养评估，同样是衡量学生研究当地、全球和跨文化问题的能力，与来自不同文化的人进行公开、适当和有效的交流，采取行动实现可持续发展、实现集体的福祉。

经合组织和亚洲协会的全球教育中心共同确定了PISA测

试中全球素养的四个关键组成部分（OECD，2017）。具备全球素养的青年能够：

- 通过研究具有当地、全球和文化意义的问题，调查他们周围环境以外的世界。
- 认识、理解和欣赏他人的观点和世界观。
- 通过开放、适当和有效的跨文化的互动，与不同的受众进行思想交流。
- 采取行动促进当地和全球的集体福祉和可持续发展。

人们需要找到新的评估方法（Darling-Hammond，1994；Darling-Hammond 等人，2013；Scardamalia 等人，2012）。当教与学变化时，评估方法也要相应进行修改。基于项目式学习的新模式，人们需要：

- 基于表现的评估，共同拟定评估标准。
- 自我评估，让学生对自己的进步负责。
- 评价标准是定性标准，教师和学生可以据此分析表现的优点和缺点。

在芬兰，评估的主要目的是提供个人反馈，以加强学生的学习。重要的是，要引导学生观察他们自己的和共同的学习过程，并向他们的同伴和教师提出建设性的意见。提出意见的目的是让学生在基础教育期间学习自我评估技能，建构学生们把评估作为促进他们素养的提高工具的技能，并学会在他们的工作和学习中给予别人和接受他人意见。

在创建学校的评估文化时，校方与家长以及家庭生活的密切合作也非常重要。在芬兰，主要的国家评估原则也同样提供了评估横贯素养的纲要。学校和教师如何评估，取决于当地的情况（FNAE，2014；Vahtivuori-Hänninen 等人，2014）。在芬兰学校，自我评价是学生的一项重要的学习能力。其目的是让学生跟踪自己在科目学习方面的进展，但自我评估对学习横贯素养也很重要。芬兰国家核心课程（FNAE，2014，第 51 页）规定，在评估学习过程和成绩时，学生应该知道：

- 学习的目的是什么？
- 已经学到了什么？
- 如何能加强学习和提升表现？

为自己的学习设定目标是横贯素养学习、多学科学习模块和所有项目式学习的一个重要部分。新的核心课程强调了师生为新项目共同设置目标的学习共同体的理念。对学习的目标的了解是评估如何实现目标的基础。

在芬兰许多学校也在使用电子档案。例如，在赫尔辛基市，一些学校鼓励学生们使用电子档案制作自己的学习文件。新的研究项目还希望开发基于技术的应用程序，以支持学生的横贯素养和鼓励学生们对自己的成长情况进行自我评估。这些应用程序包含的基本理念是，学生为自己的学习设定目标，并很好地理解这些目标是什么。这就要求学生充分认识到课程中提到的素养。

七、学习全球素养的国际案例

本文选取了芬兰和新加坡的以下案例作为未来学习者素养框架如何提升学习者主要素养的例子。

案例 1：跨界环境中的学习

根据芬兰国家教育局 2014 年颁发的文件，跨多学科学习主题对学生来说应该是有意义和有趣的。他们应该帮助学生感知不同主题、话题和专题之间的联系，并将它们与“现实生活”的情况联系起来。

在赫尔辛基都会区的一个合作学习项目中，一个四年级的班级与当地的幼儿园、图书馆和养老院合作：其目的（见Kukkonen & Lavonen，2014）是与当地合作伙伴建立联系，通过参与他们的日常活动获得经验，并实践横贯素养，如互动和协作、创造和关怀。此外，该项目的基本内容是探索信息和通信技术在支持学习和教学方面的作用，并掌握有利于学习的数字设备和应用程序。

在项目开始时，参与者会进行会议，并计划和组织项目。这些会议对于建立对项目目标的共同理解，以及听取每个合作伙伴的想法、经验和对项目的愿望至关重要。框架建立后，从四年级选出10位导生来指导其他学生。这10位导生练习使用数字设备和应用程序，并教他们的同学和教师使用这些工具。学生们还参观了参与合作的协作组织。例如，在养老院，学生向长辈们展示了演讲、诗歌和他们制作的视频。他们还与老人一起在平板设备上玩数字游戏。学生的演讲、学生和老人之间的游戏让他们的合作成为可能，同时为双方的讨论提供了基础。此外，学生们对老人进行采访并录像，然后学生们对视频进行了编辑，并展示给学校的其他学生。通过采访和录像，有可能将宝贵的文化遗产从一代人手中分享和转移到下一代人手中。在该项目中，成员们还练习了基本的合作和互动技能：与老年公民的会面教授了良好的礼仪和倾听技巧，并让参与者有机会帮助他人。此外，老年人认为访问是愉快的。这些相聚时刻带来了欢乐，同时也为日常生活带来了改变（Kukkonen & Lavonen，2014)。

案例 2：用数字故事创造新型知识

数字故事是一个让学生使用视频设备创造知识的项目（Niemi 等人，2014；Niemi 等人，2018；Niemi & Niu，2021；Harju 等人，2014)。学生们设计、拍摄和编辑与他们的学习主题有关的视频。这种方法提供了连接正式和非正式学习环境的新方式。学生们以小组形式工作，并与同班或其他班级的同学，甚至全球范围内的同学分享他们的作品（Niemi & Multisilta，2016；Vivitsou 等人，2016)。用数字故事（DST）学习是一个与社会文化结合的教学方法，它发生在学习者与物质工具如互联网、手机、平板电脑和其他设备、心理工具和其他人互动的过程中（Vygotsky，1978）。在策划、合作制作数字故事时，学生可以认识到自己的知识和经验水平，并共同反思、彼此分享这些经验。观看其他学生的故事，也可以对话题产生新的想法。故事可以集中在单一的事件上，也可以作为一系列事件的较长描述，而且往往是跨学科的。该项目有来自不同国家和背景的案例，例如芬兰、中国、美国、希腊和西班牙。

数字故事存在以下实施阶段（Niemi 等人，2018，第 339 页）。

第一阶段：学生们以小组为单位（每组 4 至 6 名学生）完成教师布置的作业，学生们探索任务，并通过使用课本、互联网、图书馆以及家中的资料对作业进行研究。在整个过程中，教师是学习的推动者。

第二阶段：学生小组设计他们的数字故事（例如，策划一个场景或制作一个分镜脚本、分配角色）。

第三阶段：学生小组使用平板电脑和/或智能手机来拍摄他们的数字故事。每组至少要有一个平板电脑；有些组要有更多视频设备。该小组负责共同编辑视频。

第四阶段：学生小组编辑他们的故事（例如，剪切或混合场景，添加字幕、背景音乐、标签和故事的元数据），并将其上传到一个共同的服务器。

第五阶段：小组成员向其他小组展示数字故事。

第六阶段：学生们对其他小组的工作提出建议。为了确保评价是建设性的，学生的反馈是基于引导性问题（或评分标准）的，例如，关于演讲的内容、设计和演讲的原创性。

推广数字故事作为一种教学方法的研究小组发现，教师和学生需要支持工具对过程和作品进行评估。因此，研究小组开始创建学习成果的评估标准。评估工具必须考虑学习的多个维度，如：（1）学生的叙事能力；（2）学习的认知领域；（3）社会技能；（4）数字能力。该标准可用于评估学生在上述四个维度中理解力的提升水平。另一方面，通过使用该标准，学生可以了解被评估内容。因此，该标准也可以作为一种深化数字故事和学习的工具。

多方面有力证据表明，通过数字故事这一方法，学生会积极进行知识创造，努力探索如何在新的情况下运用知识，并且相互协作——这是现代社会最重要的素养之一。此外，这种方法可以使学生有参与感，激励他们努力学习，并享受学习过程。最新的研究证据表明，学生的自我效能感在数字故事项目中得到极大提升。例如，这种方法使数学学习变得有意义，即学生明白自己学到了什么，这增加了学生的自我效能感。

不管是学生还是教师，都对数字故事给予了非常正面的反馈，认为其非常有用且富有激励性。我们还认识到，这种方法需要教师转变角色。主要的挑战之一就是时间，特别是在刚开始的时候，以学生为中心的数字故事可能会超出正常的课堂时间。但是，一旦教师和学生熟悉了这种方法，事情就会变得越来越简单，越来越省时。因此，课程设置必须灵活。通过数字故事，学生可以获得他们现在，甚至是在未来需要的技能和素养。

案例 3：新加坡的 WiREAD 系统

WiREAD 是一个基于网络的协作批判性阅读和学习分析系统，是为期三年的新加坡未来学校课程创新项目的组成部分（Lee & Tan，2018）。该项目由 Jennifer Tan 博士牵头，项目团队包括教师合作者和新加坡国立教育学院的研究人员，项目资金来自新加坡国立研究基金会在新加坡国立教育学院和教育部设立的 Edulab 研究计划。

WiREAD 系统是与英语教师合作设计的，旨在帮助中学更高年级（九年级）学生与同伴围绕多模态文本展开更丰富的对话和高质量的互动，从而加深他们对作为生成性社会实践的协同式批判性阅读的理解和接触。WiREAD 的技术教学设计集中在两个关键的学习功能上：（1）围绕阅读的在线同伴互动；（2）为学习分析提供数据的学习仪表板。教师合作者和研究人员共同制定了一系列多模态文本，每周上传到 WiREAD 系统，供学生开展协同式评论和讨论。这一方法使用一套微型教学工具，具体包括：

- 七大批判性透镜（信息、目的、受众、假设、观点、推断、语言 / 视觉资料的影响）。
- 五种批判性对话类型（我认为、我这么认为是因为、我同意、我不同意、我有疑问）。

这些工具作为元认知指引，指导学生在 WiREAD 上对文本进行协同式评论。学生可以针对上传的精选文本发布评论、回复同伴的评论，并使用某个批判性透镜和批判性对话类型对每条评论 / 回复进行标记。除了协作阅读功能外，WiREAD 的学习仪表板功能以动态、实时、可视化的方式展示学生和教师的在线学习行为，包括他们对批判性透镜、对话类型，以及讨论网络功能的使用。学习仪表板的设计目的是，在整个学期里为学生和教师提供丰富、有意义、及时、有深远作用的反馈，从而帮助他们监测阅读参与度和进度，并调整学习策略和教学实践。

WiREAD 在新加坡的一所孵化器学校的正式英语课程中被实施和使用，覆盖 9 年级和 10 年级共 11 个班级的学生（N=495），使用时间长达 6 个学期（约 24 周）（Lee & Tan, 2018，第 23—27 页）。在两个学期（8 到 10 周）的时间里，每班学生每周使用 WiREAD 的时间大约为 45 分钟。学校也鼓励学生利用课余时间在网上阅读、评论和回复他人发布的关于多模态文本的帖子。WiREAD 也正在更多由英语和信息与通信技术学科领域引领创新的教师所领导的学校和教室中使用。

一项关于在上述几周内使用 WiREAD 的评估表明，学生的学习成果在数量和质量上均有明显改善，特别是在英语学习效率和乐趣、师生关系、批判性阅读熟练度方面。从质量层面来看，参与的教师观察到，“学生在几周内的对话质量有所提高”，且“参与度和积极性也有所提升，特别是当学生通过学习仪表板地图了解到自己的学习情况时”。另一方面，参与的学生认为 WiREAD 为他们提供了“更多的练习”，“非常有趣”，并为他们提供了“更多的教师反馈”。学生们还评价了让他们接触“不同视角”的特殊益处，比如，“当你找不到一个问题的正确答案时，切换到对方的视角，然后你就可以找到答案”。此外，学生们认为“关于他们的课堂学习网络的信息非常有趣”。

研究人员的结论是，21 世纪的学习环境——至少在新加坡的课堂中——已经发生了变化。自学和同伴学习是这种正在显现的新的学习环境的最大特点。学生可以借助丰富的网络资源和开放的教育资源，轻易搜索到几乎任何问题的答案。有意思的是，同伴学习因此变得可能，并且更加适合学生，因为学生们可以分享他们因个体差异而发现的不同内容。此外，研究人员发现，协作学习的出现自然而然地激发了批判性思维，因为学生需要对接受和拒绝的信息做出判断。这种新的学习环境将为教师带来压力。

第八章

结语

一、主要的共同素养

从前文对全球素养的历史回顾和描述可以发现，众多国际和国家行动组织和机构均制定了未来素养目标，包括几十种不同的素养清单。联合国教科文组织和经合组织是规划未来素养场景的主要机构。其框架可以被视为许多新旧清单和指南的基础。除了联合国教科文组织和经合组织，许多政治组织（如 EU）、科技公司、研究人员和负责国家课程的政府部门都规划了未来教育的必备要素。不过，尽管上述组织和个人做出了各种努力预测未来需求，素养依然没有一个统一的定义，反而是一些平行的概念正在被使用，例如未来素养、全球素养、21 世纪核心能力 / 素养、横贯 / 共通素养，以及可持续发展素养等。不过，还是可以从这些不同的素养中看到一些共同的素养。许多研究人员——如 Dede（2010）、Voogt 和 Pareja（2012）、Salas-Pilco（2013）、Lee 和 Tan（2018）、Niu（2021）—— 均开展了比较分析并得出结论：虽然存在很多的变化，但我们依然可以找到多个共同的素养。基于对上述比较的总结，可以发现以下主要素养类别：

学习的元技能

元技能旨在使学习者有能力管理自己的学习，学会学习、自律、制定自己的目标和激励策略等。这里最重要的一点是，学生是积极的，他们在学习过程中具有主动性。他们不仅是知识的接受者，也是知识的创造者。

思维能力

思维能力旨在使学习者可以进行批判性思考，探究和寻找新的解决方案。人们需要有创造力，特别是在不断变化的环境下。

社会素养

学生需要学习如何与他人一起学习、生活和工作，并共同创造新的知识或产品。这是一种能够在具有不同社会或文化背景的团队中工作的能力。

知识应用能力

大多素养清单都使用或隐含了读写能力这一概念。这种能力用于多个领域，如数学、阅读 / 母语、科学、信息与通信技术、数字工具等。拥有读写能力的学习者，无论是出于学科和跨学科学习的目的，还是在日常生活中，都可以理解不同情况下知识的运用。拥有读写能力也意味着学生知道如何查询和收集知识以达成不同目的，能够将所涉知识领域的关键概念表达出来，并与其他人讨论这些概念。

社会和文化意识与责任

未来素养旨在创造一个比今天更安全、更发达的世界。大多数机构均将社会和道德目标纳入了全球素养。学习者应该理解其对共同利益担负的责任，如地球的可持续性、包容性和福祉。大多素养清单都制定了这样一个目标，即让学生们拥护社会正义、民主和成为积极的公民。

二、全球素养的发展趋势

可持续性成为全球素养的一部分。它涉及自然环境的重大问题，特别是气候变化和生物多样性的丧失，但也涉及紧迫的社会问题，如获得洁净水源、贫困、健康、营养。联合国和联合国教科文组织认为，人类应该有能力找到应对这些重大挑战的方法。联合国教科文组织还强调了教育的重要性，并将其视为全球可持续性的一个关键因素。经合组织也传达了同样的信息，但关注点更多是在学习者的福祉上。这两个组织都要求教育本身必须更加可持续，这也意味着每个人都应该有机会接受高质量的教育。根据系统性方法，教育是国家和全球生态的一部分，所需的变化是相互依存的，需要整个系统进行大量的合作和协同。联合国教科文组织和经合组织均公布了改革方案，以促进地球、社会和个人的可持续发展和福祉。图 6 展示了全球素养的一般发展趋势。

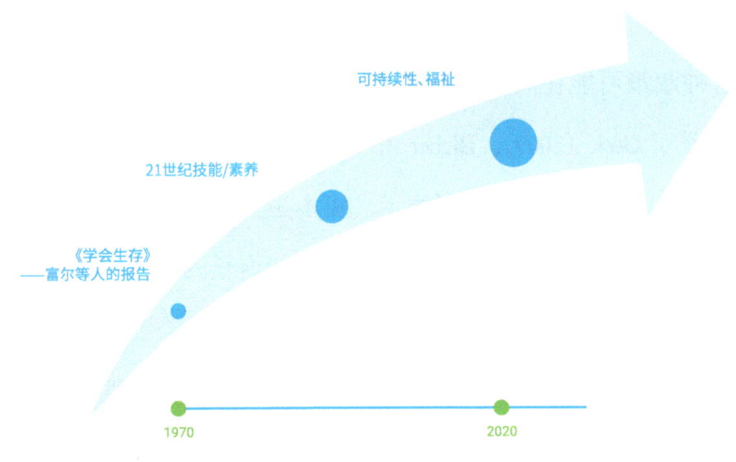

图 6　全球素养的发展趋势

三、批评的声音：教育不应仅服务于经济或工作目的

从一开始，全球素养或21世纪核心素养就受到了批评（Patterson，2015），其中很多批评都是针对经合组织和科技公司的。教育研究人员强调，教育的目标比未来的工作和就业能力宽泛得多。教育的使命与道德目标、民主和包容性有关，全球素养不应缩窄教育的任务。批评的声音还集中在新自由主义政策上，认为这些政策削弱了国家需求和文化，迫使教育系统遵循不适合当地的标准。

Andrews（2021）指出："……应该认同这样一种观点，即经合组织是新自由主义（自由市场）教育政策的推动者，这种政策可能在国家体系内产生矛盾效应"。Andrews（2021）参考了Grek（2009）、Bieber和Martens（2011）、Meyer（2014）的研究。还有很多批评者表示，资本主义经济政策是基于持续增长的需求，并将教育作为实现持续增长的工具，但教育本身就应该是一种价值，这种价值通过实现人类独特的成长而体现。主要出于经济目的——例如出于对工作和就业能力需求的考虑——设定目标的做法受到批评。最新发布的经合组织学习罗盘采用了一种高度以学习者为中心的方法，并认

为教育的目的不仅仅局限于经济或个人福祉。

尽管存在批评和犹疑，但对素养的需求得到了广泛认可。大多数国家均将全球素养或未来素养以不同的定义纳入了学校课程（Gordon 等人，2009；Voogt & Pareja Roblin，2012；Niu，2021；Lin，2017）。关于全球素养的讨论是一个持续的过程，因为社会和整个世界的变化会提出新的要求。

四、转向更大的蓝图

从 20 世纪 70 年代开始，全球素养的各类定义就在探索学习者在不断变化的环境中工作和生活需要具备什么样的能力。在过去的几十年里，涌现出了各种各样的素养清单和建议。界定这些素养的机构的数量也有所增加。到 2020 年，我们发现，界定全球素养的方法发生了变化。这些变化大体可以描述为转向更大的蓝图。涉及的主要问题是，如何在个人、社会和全球层面上使发展更具可持续性。刚开始的时候，我们更关注学什么，而如今迫切的问题是：怎么学？如何覆盖到所有人？这一更大的蓝图还包括一个更系统性的方法。未来素养的获得不仅取决于整个教育系统及其课程和教学法，还取决于教育系统如何与社会的其他方面——如卫生和社会局势——进行互动。

我们也可以看到从技能概念向素养概念的转变，后者融合了知识、价值观和态度。在素养清单中，也出现了从个体素养向共同创造素养、合作素养和团结素养的转变。另一个变化是，学习被视为一个全面触及学习者的社会文化过程。我们在这里可以看到学习研究的进展所产生的影响，以及转向更加情境化、生态化的方向发展。

在过去的几十年里，学习领域的研究进展已经从知识传递转向知识构建，即学习者积极创建自己的知识库。元认知的理念使学会学习成为终身学习的一项基本能力，甚至是关键能力。20 世纪 70 年代以来，建构主义和社会建构主义的研究发展改变了学习的概念，也改变了学习者在学习过程中的角色。学习科学的发展为理解学习是一个独特而整体的过程做出了巨大贡献。根据最近的学习研究，我们可以总结出，人类的学习基于以下假设（Niemi，2021）：

- 学习是一个积极的过程，人在这一过程中是一个独特的个体。

- 学习是一个社会过程，学习者是其所处社会和文化环境的一部分。
- 学习的实现需要学习者与他人以及促进人类发展的文明成果进行互动。
- 人类在学习过程中具有能动性，他们通过元认知策略（包括自我调节和共同调节策略）来监测自己的学习。激励策略，包括参与和自我学习的归因，如自我效能，对学习过程和学习成果有很大的影响。
- 人类的学习基于创造有意义实体的知识建构。

五、系统性方法需要教育系统进行变革

转向系统性思维意味着，教育是一个包含若干相互关联单元的庞大的生态系统，还意味着教育与多个社会领域都有关联，如文化背景、社会政策和卫生。因此，许多因素之间都存在相互依赖性，这些因素共同决定人们是否能够做好准备，去应对未来和不断变化的环境。

联合国教科文组织、经合组织均要求变革教育系统和教学法。两个组织认为，世界各地的教育系统需要为学习

者提供相较于当前更加灵活和支持性的机制。所以必须进行课程和课堂改革，制定新的教学法，让学校的文化和工作方法变得更具全纳性，并且更加重视学生的个人需求。虽然这些要求的表述在某些方面似乎是一致的，但两个组织仍在若干领域里存在一些政策上分歧。联合国教科文组织强调超国家认同和归属感，其价值观植根于人权宣言并号召团结一致改变教育以便让所有人都能够受到教育。作为一个一直关注经济和国家福祉的组织，经合组织更加强调全球素养在经济方面的必要性。不过，这一范围已扩大到教育问题，因为教育被视为个人社会情感福祉、经济繁荣和增进健康的关键工具。

系统性方法要求重新考虑教育在全球世界中扮演的角色。它要求改变课程设计、调整教师教育体系，加强教师能力建设，以促进未来的学习。该方法要求制定更具全纳性的、以学生福祉为导向的教学法，并形成对教育、社会和全球的可持续发展的共同理解。经合组织（2022）也提醒道："将全球趋势与教育联系起来是拓宽我们的视野和为决策提供依据的一种手段，但未来思维意味着要考虑现有趋势的复杂演变以及潜在的发展和冲击。"这意味着，我们需要为可预知及不可预知的未来做好准备。新冠疫情提醒着我们，未来可能而且必将给我们带来意料之外的事物。

根据最近关于全球素养的讨论，图7展示了全球素养的框架。

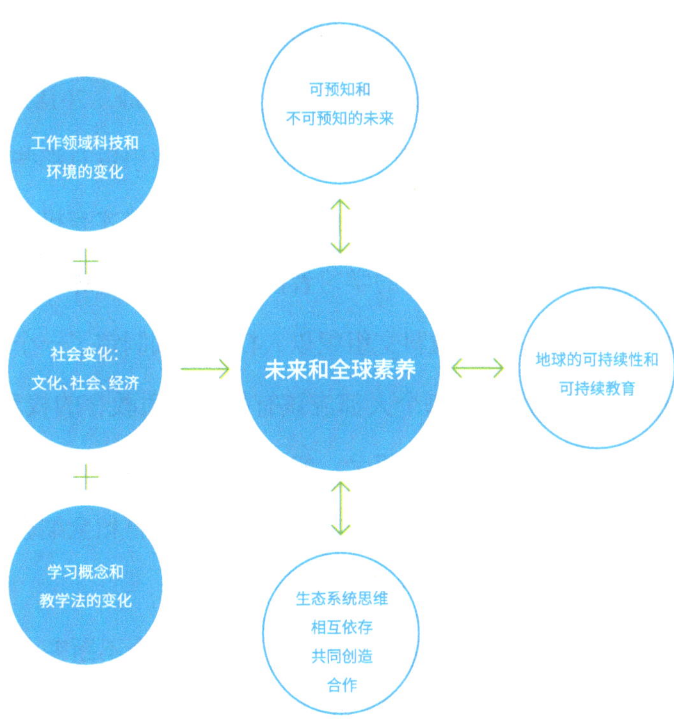

图7 全球素养框架

六、终极问题：谁有权利获得全球素养？

全世界的现实情况是，到2030年，将有8亿多青少年缺乏基本的数学和读写能力。全球数以亿计的青少年面临着严峻的教育机会短缺问题，有的早在小学时期就已辍学，只有很小一部分青少年继续接受中学教育。此外，教学质量和学习效果都十分堪忧（UNESCO，2021；World Bank，2018）。

这为全球素养提供了一个全新的视角：似乎只有那些能够在完善的教育体系里接受优质教育服务的人群才有机会获得未来素养。但是，所有的学习者都应该有获得全球和未来素养的机会。联合国教科文组织以人权为基础制定了一个学习框架，并强烈呼吁每个人都应该有接受优质教育的权利。每个人都需要终身学习的机会。如果不具备未来素养，人们就很难在不断变化的环境中持续学习。优质教育和全纳教育在经合组织的议程上也有体现。

所有各种不同的素养建议均将未来视为一个不断变化的过程，包括可预知和不可预知的变化。要使每个人都有能力面对未来，还需要多方做出诸多共同努力。联合国教科文组织的报告《一起重新构想我们的未来：为教育打造新的社会契约》(UNESCO，2021，第 3 页) 对未来的任务做了如下描述：

> 我们目前面临着双重挑战，既要兑现尚未实现的承诺，确保每位儿童、青少年和成年人都有权接受优质教育，又要把教育当作我们通往可持续共同未来的路径，充分实现其变革潜力。为了做到这一点，我们需要一份新的教育社会契约，可以在改变未来的同时修复不公正问题。这一新的社会契约必须以人权为依据，以非歧视性、社会正义、尊重生命、人的尊严和文化多样性等原则为基础。它必须包含关怀、互惠和团结的道德规范。它必须加强教育作为一项公共事业和共同利益的形式。

参考文献

[1] American Library Association. (1989). *Presidential committee on information literacy: Final report.* Chicago, IL: American Library Association.

[2] Andrews, T. (2021). Bourdieu's Theory of Practice and the OECD PISA Global Competence Framework. *Journal of Research in International Education, 20* (2), 154-170. https://doi.org /10.1177/1475240921103252

[3] Association of College & Research Libraries. (2016). *Framework for information literacy for higher education.* A division of the American Library Association.Chicago, Illinois: ACRL "Framework for Information Literacy" (PDF)

[4] ATS2020 (2017). *Assessment of Transversal Skills for Students.* Retrieved 2022 from http://www.ats2020.eu and http://www.ats2020.eu/transversal-skills-framework

[5] Aufderheide, P. (1993). *Media literacy: A report of the national leadership conference on media literacy.* Aspen Institute.

[6] Bandura, A. (1986). The explanatory and predictive scope of self-efficacy theory. *Journal of Social and Clinical Psychology, 4*(3), 359–373.doi:10.1521/jscp.1986.4.3.359

[7] Barron, B. & Darling-Hammond, L. (2008). Teaching for meaningful learning: A review of research on inquiry-based and cooperative learning. In L. Darling-Hammond, B. Barron,D. Pearson, A. Schoenfeld, E. Stage, T. Zimmerman, G. Cervetti, & J. Tilson (Eds.),*Powerful Learning: What We Know About Teaching for Under- standing* (pp 11-70). San Francisco: Jossey-Bass

[8] Basic Education Act 628/1998 Finland. (1998). Retrieved from http://www.finlex.fi/en/laki/kaannokset/1998/en19980628.pdf

[9] Bieber, T., & Martens, K. (2011). The OECD PISA Study as a Soft Power in Education? Lessons from Switzerland and the US. *European Journal of Education, 46* (1), 1-168. https://doi.org/10.1111/j.1465-3435.2010.01462.x

[10] Binkley, M., Erstad, O., Herman, J., Raizen, S., Ripley, M., Miller-Ricci, M., & Rumble, M. (2012). Defining Twenty-First Century Skills. In P. Griffin, B. McGaw,

& E. Care (Eds.), *Assessment and Teaching of 21st Century Skills.* (pp. 17–66). Springer.

[11] Bloom, B. S., Engelhart, M. D. and Furst, E. J. (1956). *Taxonomy of Educational Objectives: Handbook I.* London: Longmans Green and Co. Ltd.

[12] Bransford, J.D., & Schwartz, D.L. (1999). Rethinking Transfer: A Simple Proposal with Multiple Implication. *Review of Research in Education, 24,* 61-100. American Educational Research Association.

[13] Bruner, J. (1973). *Beyond the Information Given: Studies in the Psychology of Knowing*. New York: W. W. Norton

[14] Bruner, J. (1977). *The Process of Education.* First Edition. Cambridge, Massachusetts: Harvard University Press.

[15] Bruner (1996) *Toward a theory of instruction.* Cambridge, MA: The Belknap Press of Harvard University Press.

[16] Cheng, K-M., Jackson, L., Kimura, D., Tatsuno, M., Tan, P-L., Kim, H-J., Eom, J., Chen, H-L., & Huang, H-Y. (2017). *Advancing 21st Century Competencies in East Asian Education Systems.* Center for Global Education. Asia Society. https://asiasociety.org/files/21st-century-competencies-east-asian-education-systems.pdf

[17] Cisco. (2008). *Equipping every learner for 21st century:An action plan for educational.* transformation. Executive summary. https://www.cisco.com/c/dam/en_us/about/citizenship/socio-economic/docs/Global_Ed_Exec_Summary.pdf

[18] Csikszentmihalyi, M. (2013). *Creativity: Flow and the Psychology of Discovery and Invention.* The 1st ed. 1997. New York: Harper Perennial.

[19] Darling-Hammond. L. (1994). Performance-Based Assessment and Educational Equity. *Harvard Educational Review, 64*(1), 5–31. https://doi.org/10.17763/haer.64.1.j57n353226536276

[20] Darling-Hammond, L., Newton. S., & Wei, R. C. (2013). Developing and assessing beginning teacher effectiveness: The potential of performance assessments. *Educational Assessment Evaluation and Accountability, 25*(3), 179–204. DOI: 10.1007/s11092-013-9163-0

[21] Dede, C. (2010). Comparing frameworks for 21st Century Skills. In J. Bellanca & R. Brandt (Eds.), *21st Century Skills: Rethinking how students learn* (pp. 51–75).

Solution TreePress.

[22] Delors, J., & 14 members of the Commission (1996). *Learning: The Treasure Within.* Paris:. UNESCO.

[23] Dewey, J. (1910). *How We Think.* Lexington, MA: D.C. Heath and Company. https://doi.org/10.1037/10903-000

[24] Dewey. J. (1933), *How We Think: A Restatement of the Relation of Reflective Thinking to the Educative Process. Lexington,* MA: D.C. Heath

[25] Dweck, C.S., & Yeager, D.S. (2018). Mindsets change the imagined and actual future. In G. Oettingen, T. Sevincer, & P. Gollwitzer (Eds.), (pp. 362-376). *The psychology of thinking about the future.* Guildford Press.

[26] Duncan, T., & McKeachie, W.J. (2010). The Making of the Motivated Strategies for Learning Questionnaire. *Educational Psychologist, 40*(2),117-128. DOI:10.1207/s15326985ep4002_6

[27] Ennis, R.H. (1981). Rational thinking and educational practice. In J. Soltis (Ed.). *Philosophy and Education* (pp.143-183). National Society for the Study of Education. Chicago: NSSE.

[28] Ennis, R. H. (1985). A logical basis for measuring critical thinking skills. *Educational Leadership, 43* (2), 44-48.

[29] European Commission. (2019). *Key competences for lifelong learning,* Publications Office. Directorate-General for Education, Youth, Sport and Culture, 2019. Retrieved 20 September 2022 from https://data.europa.eu/doi/10.2766/569540

[30] European Union. (2006). Recommendation of the European Parliament and of the Council of 18 December 2006 on key competences for lifelong learning (20006/962/EC). *Official Journal of the European Union,* L 394/10–18. Retrieved 10 September 2022 from http://eur-lex.europa.eu/legal-content/EN/TXT/PDF/?uri=CELEX-:32006H0962&from=EN.

[31] Faure. E., Herrera, F., Kaddoura, A-R., Lopes, H., Petrovsky, A., Rahnema, M., & Ward, F.C. (1972). *Learning to be. The world of education today and tomorrow.* Paris:UNESCO.

[32] (FNAE) Finnish National Agency for Education. (2014). *Perusopetuksen opetussuunnitelman perusteet 2014.* Available in English: National Core Curricula

for Education. Helsinki: Finnish National Agency for Education.

[33] Finnish National Agency for Education. (2018) *Varhaiskasvatussuunnitelman perusteet.* (2018). [only in Finnish, the title in English: The core curriculum for early education]. Finnish National Agency for Education. https:// www.oph.fi/sites/default/files/documents/varhaiskasvatussuunnitelman_perusteet.pdf

[34] Finnish National Agency for Education. (2019). *Curriculum for general upper secondary schools in a nutshell.* Retrieved 20 October 2022 from https://www.oph.fi/en/statistics-and-publications/publications/core-curricu- lum-general-upper-secondary-schools-nutshell

[35] Finnish National Agency for Education. (2019) *Lukion opetussuunnitelman perusteet.* [Only in Finnish, the title in English: The core curriculum for general upper secondary schools]. Finnish National Agency for Education.

[36] Finnish National Agency for Education. (2022) *Varhaiskasvatussuunnitelman perusteet 2022.* [Only in Finnish, the title in English: The core curriculum for early childhood education]. Helsinki: Finnish National Agency for Education. https://www.oph.fi/fi/tilastot-ja-julkaisut/julkaisut/varhaiskasvatussuunnitelman-perusteet-2022

[37] Finegold, D., & Notabartolo, A. S. (2010). *21st century competencies and their impact: An interdisciplinary literature review.* Retrieved 15 September 2022 from https://hewlett.org/wp-content/uploads/2016/11/21st_Century_Competencies_Impact.pdf

[38] Fischer, F., Goldman, S.-R. Cindy E. Hmelo-Silver, C., E., & Reimann, P. (2018). *International Handbook of the Learning Sciences.* NewYork: Taylor & Francis.

[39] Fletcher, J. D. (2009). From behaviorism to constructivism: A philosophical journey from drill and practice to situated learning. In S. Tobias & T. M. Duffy (Eds.), *Constructivist instruction: Success or failure?* (pp. 242– 263). Routledge/Taylor & Francis Group.

[40] Franken, F.E. (2007). *Human Motivation.* 6th edition. Thomson/Wadsworth

[41] Fung, D. (2014). Promoting critical thinking through effective group work: A teaching intervention for Hong Kong primary school students. *International Journal of Educational Research, 66,* 45-62.

[42] Fung, D., & Howe, C. (2012). Liberal Studies in Hong Kong: A new perspective on critical thinking through group work. *Thinking Skills and Creativity, 7* (2), 101-111 https://doi.org/10.1016/j.tsc.2012.04.002

[43] Gergen, K.J. (1999). *An invitation to social constructionism.* London: Sage

[44] Gordon, J., Halasz, G., Krawczyk, M., Leney, T., Michel, A. Pepper, D., Putkiewicz, E. , -& Wisniewski, J. (2009). Key Competencies in Europe: Opening Doors for Life-long Learners across the School Curriculum and Teacher Education. *CASE Network Reports, 87.* Center for Social and Economic Research (CASE), Warsaw. http://hdl.handle.net/10419/87621

[45] Grek, S. (2009). Governing by numbers: the PISA'effect'in Europe. *Journal of Education Policy, 24* (1), 23-37. https://doi.org/10.1080/02680930802412669

[46] Halinen, I., Harmanen, M., & Mattila, P. (2015). Making sense of complexity of the world today: Why Finland is introducing multiliteracy in teaching and learning. In V. Bozsik (Ed.), *Improving Literacy Skills across Learning. CIDREE Yearbook 2015* (pp. 136–153). Budapest: HIERD.

[47] Harju, V., Niemi, H. (2017). The Development and Evaluation of Transversal Competencies of Basic Education in Finland. *Educational Measurement and Evaluation., 2017*(7), 10-18. https://helda.helsinki.fi/bitstream/handle/10138/312248/Harju_and_Niemi_2017_Transversal_skills_in_Finnish_curriculum.pdf?sequence=1

[48] Harju, V., Niemi, H., & Yan, W. (2017). 芬兰基础教育阶段核心素养的培养及评价 . 教育测量与评估双语季刊 , 2017(7), 10-18.

[49] Harju, V., Viitanen, K., & Vivitsou, M. (2014). Digital storytelling in Finnish schools. In H. Niemi, J. Multisilta, L. Lipponen, & M. Vivitsou (Eds.), *Finnish innovations and technologies in schools: A Guide towards new ecosystems of learning* (pp. 49–56). Sense Publishers.

[50] Hutchins, E. (1991). The social organization of distributed cognition. In L. B. Resnick, J. M. Levine, & S. D. Teasley (Eds.), *Perspectives on socially shared cognition* (pp. 283–307). American Psychological Association. https://doi.org/10.1037/10096-

[51] Kangas, J & Brotherus, A. (2017). Osallisuus ja leikki varhaiskasvatuksessa: "Leikittäisiin ja kaikki olis onnellisia!" [Participation and play in early childhood

education: "We would play and everybody would be happy!"]. In A. Toom, M. Rautiainen & J. Tähtinen (Eds.) *Toiveet ja todellisuus: Kasvatus osallisuutta ja oppimista rakentamassa* (197–223). Kasvatusalan tutkimuksia, Nro 75. Suomen kasvatustieteellinen seura.

[52] Kangas, M., & Rasi, P. (2021). Phenomenon-based learning of multiliteracy in a Finnish upper secondary school. *Media Practice and Education, 22*(4), 342c359. https://doi.org/10.1080/25741136.2021.1977769.

[53] Kerry, T. (Ed.) (2015). *Cross-curricular teaching in the primary school: Planning and facilitating imaginative lessons.* (Second edition) London: Routledge.

[54] Kuhn, D. (1999). A Developmental Model of Critical Thinking. *Educational Researcher, 28*(2), 16197–22346. https://doi.org/10.3102/0013189X028002016

[55] Kuisma, M., & Ratinen, I., 2021. Students' narratives and conceptual changes in a cross-curricular inquiry-based study unit in a Finnish upper secondary school. *International Journal of Educational Research, 110,* 101889. https://doi.org/10.1016/j.ijer.2021.101889

[56] Kukkonen, M., & Lavonen, J. (2014). Crossing classroom boundaries through the use of collaboration supporting ICT: A Case study on school–kindergarten–library–seniors' home partnership. In H. Niemi, J. Multisilta, & E. Löfström (Eds.), *Crossing boundaries for learning: Through technology and human efforts* (pp. 67–89). CICERO Learning Network, University of Helsinki.

[57] Leadbeater, C. (2017). *Student Agency: Learning to make a difference.* East Melbourne: Centre for Strategic Education.

[58] Lee, W. O., & Tan, P. L. (2018). The New Roles for Twenty-First-Century Teachers: Facilitator, Knowledge Broker, and Pedagogical Weaver. In H. Niemi, A. Toom, A. Kallioniemi, & J. Lavonen (Eds.), *The Teacher's Role in the Changing Globalizing World: Resources and Challenges Related to the Professional Work of Teaching,* (pp. 11–31). Brill Sense.

[59] Low, E.L.(2018). The Changing Roles of teachers and Teacher Learning in the Twenty-First Century: the Singapore Story. In *The Teacher's Role in the Changing Globalizing World: Resources and Challenges Related to the Professional Work of Teaching,* edited by Hannele Niemi, Auli Toom, Arto Kallioniemi, and Jari Lavonen,

11–31. Leiden: Brill Sense.

[60] Lehtomäki, E., & Rajala, A. (2020). Global Education Research in Finland. In D. Bourn (Ed.), *The Bloomsbury Handbook of Global Education and Learning* (pp. 105–120). Bloomsburyacademic:

[61] Lin, C. (2017). *The research of core competencies and values for students in China.* http://psybeh.tjnu.edu.cn/EN/abstract/abstract1652.shtml

[62] Malik, S. (2008). *Media Literacy and its Importance.* Society for Alternative Media and Research with cooperation of Friedrich Ebert Stiftung (FES). Manzil Printers.

[63] McPeck, J.E. (1981), *Critical Thinking and Education.* (eBook September 2016). London: Routledge. DOI https://doi.org/10.4324/9781315463698

[64] Merjovaara, O., Nousiainen, T., Turja, L., & Isotalo, S. (2020). Digital Stories with Children: Examining Digital Storytelling as a Pedagogical Process in ECEC. *Journal of Early Childhood Education Research, 9*(1), 99–123. https://jecer.org/fi/digital-stories-with-children-examiningdigital-storytelling-as-a-pedagogical-process-in-ecec/

[65] Merriam S., Caffarella R. S., Baumgartner L. M. (2007). *Learning in adulthood.* San Francisco, CA: Jossey-Bass.

[66] Mertala, P. (2020). The pedagogy of multiliteracies as a code breaker: A suggestion for a transversal approach to computing education in basic education. *British Journal of Educational Technology, 52*(6), 2227-2241.

[67] Meyer, H.D. (2014), The OECD as Pivot of the Emerging Global Educational Accountability Regime: How Accountable are the Accountants? *Teachers College Record, 116* (9), 1-20. https://doi.org/10.1177/01614681141160

[68] Ministry of Education. Singapore (2010a). *MOE to enhance learning of 21st century competencies and strength- en art, music and physical education.* Singapore.

[69] Ministry of Education. Singapore (2010b). *Elaboration of the MOE 21st century competencies.* Singapore.

[70] Niemi, H. 2021.AI in learning: Preparing grounds for future learning. *Journal of Pacific Rim Psychology. 15.* https://journals.sagepub.com/doi/epub/10.1177/18344909211038105

[71] Niemi, H., Harju, V., Vivitsou, M., Viitanen, K, Multisilta, J., & Kuokkanen,

A. (2014). Digital Storytelling for 21st-century Skills in Virtual Learning Environments. *Creative Education, 5* (9), 657-671. DOI: 10.4236/ ce.2014.59078

[72] Niemi, H., & Multisilta, J. (2016). Digital storytelling promoting twenty-first century skills and student engagement. *Technology, Pedagogy and Education, 25*(4), 451–468. doi: 10.1080/1475939X.2015.1074610

[73] Niemi, H. & Niu, S. J. (2021). Digital Storytelling Enhancing Chinese Primary School Students' Self-Efficacy in Mathematics Learning. *Journal of Pacific Rim Psychology. 15*. https://doi.org/10.1177/1834490921991432

[74] Niemi, H., Niu, S., Vivitsou, M. & Li, B., 2018. Digital Storytelling for Twenty-First-Century Competencies with Math Literacy and Student Engagement in China and Finland. *Contemporary Educational Technology, 9* (4), 331-353.

[75] Niu, S. J. (2021) *Teaching and learning 21st century competencies: Paving the way to the future.* University of Helsinki. Academic dissertation. http://hdl.handle.net/10138/33326

[76] Niu, S.J., Niemi, H. Harju, V. & Pehkonen, L. (2021). Finnish student teachers' perceptions of their development of 21st-century competencies. *Journal of Education for Teaching, 47* (5), 538-653. https://doi.org/10.1080/02607476.2021.1951602

[77] OECD (2004). *Education at a Glance 2004. OECD Indicators.* Paris,France: OECD. https://www.oecd-ilibrary.org/docserver/eag-2004-en.pdf?expires=1666442441&id=id&accname=guest&check- sum=C8FA8D9A1599B82C989B94B34FEA4F19

[78] OECD (2005). *The definition and selection of key competencies: Executive summary.* Paris: OECD. Retrieved from http://www.oecd.org/pisa/35070367.pdf

[79] OECD. (2010). *The Nature of Learning.* OECD. Retrieved on 10 July 2020 from: http://www.oecd.org/education/ceri/50300814.pdf

[80] OECD. (2017). *The Programme for International Student Assessment (PISA).* Retrieved 10 July 2022 from https://www.oecd.org/pisa/aboutpisa/.

[81] OECD. (2018). *The Future of Education and Skills: Education 2030.* Position paper, http://www.oecd.org/education/2030/E2030%20Position%20Paper%20(05.04.2018).pdf

[82] OECD. (2019) *OECD Future of Education and Skills 2030. OECD Learning Compass 2030. A Series ofConcept Notes.* OECD. Retrieved 10 July 2022 from https://www.

oecd.org/education/2030-project/contact/OECD_ Learning_Compass_2030_Concept_Note_Series.pdf

[83] OECD. (2022). *Better life. Index. Education.* Retrieved 10 July 2022 from https://www.oecdbetterlifeindex.org/ topics/education/

[84] Palsa, L. & Mertala, P. (2022). Disciplinary contextualisation of transversal competence in Finnish local curricula: the case of multiliteracy, mathematics, and social studies. *Education Inquiry, 13*(2), 226–247. DOI: 10.1080/20004508.2020.1855827:

[85] Partnership for 21st century skills. (2012). *Framework for 21 century learning.* Retrieved 10 August 2022 from: https://files.eric.ed.gov/fulltext/ED519462.pdf

[86] Patterson, J.A. (2015). 21st Century Learning Initiatives as a Manifestation of Neoliberalism. In K.M. Sturges (Ed.). *Neoliberalism Education Reform.* 213-237. Sense Publishers.

[87] Pea, R.D. (2004). The Social and Technological Dimensions of Scaffolding and Related Theoretical Concepts for Learning, Education, and Human Activity. *The Journal of the Learning Sciences, 13* (3), 423-451.

[88] Piaget, J. (1973). *Psychology and Epistemology: Towards a Theory of Knowledge.* Rio de Janeiro: Record.

[89] Pintrich, P.R., Smith, D.A.F., García, T., & McKeachie, W.J. (1991). *Motivated Strategies for Learning Questionnaire (MSLQ) Manual.* DOI: 10.13140/RG.2.1.2547.6968.

[90] Pursi, A. & Lipponen, L. (2020) Creating and maintaining play connection in a toddler peer group. In A. Ridgway, G. Quinones, & L. Li (Eds.) *Peer Play and Relationships in Early Childhood: International Research Perspectives* (pp. 93–111). International Perspectives on Early Childhood Education and Development, vol. 30. Springer. https://doi.org/10.1007/978-3-030-4

[91] Ranta, M., Kruskopf, M., Kortesalmi, M., Kalmi, P., & Lonka, K. (2022) Entrepreneurship as a Neglected Pitfall in Future Finnish Teachers' Readiness to Teach 21st Century Competencies and Financial Literacy: Expectancies, Values, and Capability. *Education Sciences, 12*(7), 463. https:// doi.org/10.3390/educsci12070463

[92] Ravitz, J. (2014). *A Survey for Measuring 21st Century Teaching and Learning: West Virginia 21st Century Teaching and Learning Survey* [WVDE-CIS-28]. DOI:

10.13140/RG.2.1.2246.6647

[93] Reeve, J., Jang, H., Carrell, D., Jeon, S., & Barch, J. (2004). Enhancing students' engagement by increasing teachers' autonomy support. *Motivation and Emotion, 28*(2), 147–169. doi:10.1023/B:MOEM.0000032312.95499.6f

[94] Saavedra, A. R. and Opfer, V. D. (2012). Learning 21st-century skills requires 21st-century teaching. *Phi Delta Kappan, 94*(2), 8-13, https://doi.org/10.1177/003172171209400203

[95] Sadik, A. (2008). Digital storytelling: A meaningful technology-integrated approach for engaged student learning. *Educational Technology Research and Development, 56*(4), 487–506. doi:10.1007/s11423-008-9091-8

[96] Sairanen, H., Kangas, J., & Sintonen, S. (2019). Finnish Teachers Making Sense of and Promoting Multiliteracies in Early Years Education. In K. Kumpulainen & J. Sefton-Green (Eds), *Multiliteracies and Early Years Innovation: Perspectives from Finland and Beyond* (pp. 42–60). Routledge. https://doi.org/10.4324/9780429432668- 3

[97] Sala, A., Punie, Y., Garkov, V., & Cabrera Giraldez, M. (2020). *LifeComp: The European Framework for Personal, Social and Learning to Learn Key Competence.* Publications office of the European Union. Retrieved 20 September 2022 from: https://publications.jrc.ec.europa.eu/repository/handle/JRC120911

[98] Salas-Pilco, S. Z. (2013). Evolution of the framework for 21st century competencies. *Knowledge Management & E-Learning,* 5(1), 10–24.

[99] Salmela-Aro, K. (2015). Working document I. In European Parliament (Ed.), Innovative schools: Teaching & learning in the digital era – Workshop documentation (pp. 5–46). Brussels: European Parliament.

[100] Salomon, G. (1997). (Ed.) *Distributed cognition. Psychologial and educational considerations.* New York: Cambridge University Press.

[101] Savery, J.R. (2006). Overview of Problem-based learning: Definitions and Distinctions. *The Interdisciplinary Journal of Problem-based Learning, 1,* (1), 9-20.

[102] Scardamalia, M., Bransford, J., Kozma, B., & Quellmalz, E. (2012). New Assessments and Environments for Knowledge Building. In P. Griffin, B. McGaw, & E. Care (Eds.) *Assessment and Teaching of 21st Century Skills* (pp. 231-300).

Springer. https://doi.org/10.1007/978-94-007-2324-5

[103] Stanford Encyclopedia of Philosophy. (2018). *Critical thinking*. https://plato.stanford.edu/entries/critical-thinking/#BiasCritThinTheoPeda

[104] Sternberg, R. J. (2010). Teaching for creativity. In R. A. Beghetto & J. C. Kaufman (Eds.), *Nurturing creativity in the classroom* (pp. 394–414). Cambridge University Press.https://doi.org/10.1017/CBO9780511781629.020

[105] Taylor, L., & Parsons, J. (2011). Improving Student Engagement. *Current Issues in Education,* 14, 1-32. http:// cie.asu.edu/ojs/index.php/cieatasu/article/viewFile/745/162

[106] Touretzky, D.S., Gardner-McCune, C., Martin, F., & Seehorn, D., (2019). K-12 Guidelines for Artificial Intelligence: What Students Should Know. *Proceedings of the AAAI Conference on Artificial Intelligence* 33(1), 9795-9799. DOI: https://doi.org/10.1609/aaai.v33i01.33019795

[107] UN (United Nations). (2016). The Sustainable development. *The goals report.* United Nations.

[108] UNESCO. (2015). *UNESCO and Sustainable Development Goals.* Retrieved 10 July, 2022: https://en.unesco. org/sustainabledevelopmentgoals

[109] UNESCO. (2021). *Reimagining our futures together. A new social contract for education.* Report from the international commission on the futures of education. Paris: UNESCO.

[110] Vahtivuori-Hänninen, S., Halinen, I., Niemi, H., Lavonen, J., & Lipponen, L. (2014). A New Finnish national core curriculum for basic education (2014) and technology as an integrated tool for learning. In H. Niemi, J. Multisilta, L. Lipponen & M. Vivitsou (Eds.), *Finnish Innovations and Technologies in Schools. A Guide to- wards New Ecosystems of Learning* (pp. 21–32). Sense Publishers.

[111] Vainikainen, M-P., Wüstenberg, S., Kupiainen, S., Hotulainen, R., & Hautamäki, J. (2015). Development of learning to learn skills in primary school. *International Journal of Lifelong Education,* 34(4), 376–392. DOI: 10.1080/02601370.2015.1060025

[112] Vitikka, E., Krokfors, L. & Rikabi, L. (2016). The Finnish National Core Curriculum: Design and Development. In H. Niemi, A. Toom & A. Kallioniemi

(Eds.) *Miracle of Education: The Principles and Practices of Teaching and Learning in Finnish Schools.* (Second revised edition) (pp. 83–90). Sense Publishers.

[113] Vivitsou, M., Kallunki, V., Niemi, H., Penttilä, J. & Harju, V. (2016). Student-driven knowledge creation through digital storytelling. In H. Niemi & J. Jia. (Eds.), *New Ways to Teach and Learn in China and Finland: Crossing Boundaries with Technology* (pp. 35–53). Frankfurt: PeterLang.

[114] Voogt, J., & Pareja Roblin, N. P. (2012). A comparative analysis of international framework for 21st century competences: Implications for national curriculum policies, *Journal of Curriculum Studies, 44*(3), 299–321, DOI: 10.1080/00220272.2012.668938

[115] Vygotsky, L. (1978). *Mind in society.* MIT Press.

[116] Wade, S., Kidd, C. The role of prior knowledge and curiosity in learning. *Psychonomic Bulletin & Review, 26,* 1377–1387 (2019). https://doi.org/10.3758/s13423-019-01598-6

[117] Wiek, A., Keeler, L.W, R Redman, C.L. (2011). Key Competencies in Sustainability: a Reference Framework for Academic Program Development. *Sustainability Science, 6,* 203-218. DOI:10.1007/s11625-011-0132-6

[118] Wing, J.M. (2006). Computational Thinking. *Communications of the ACM, 49*(3), 33–35. DOI:10.1145/1118178.1118215

[119] Zhao, X. Y. (2016). Report reveals 21st century competencies. *China Daily.* Retrieved from http://www.chinadaily.com.cn/china/2016-06/05/content_25615131.htm [accessed Oct 21 2022].

下篇

未定中的确定：未来学习者的教育

王晨

第一章

未定中的确定：未来教育生态建构

面向未来，是教育的天然属性之一，人类社会的明天就在今天的教育之中。人类社会正是在面向未来的教育革新中不断前进的。因此“联结和创造未来生活”应被视为塑造教育的原则之一。一方面，现代社会的发展和更新带来的多样性和形态变革让人应接不暇；而另一方面，现代社会内在的同质和固化也亟需突破，因此人类社会的未来比以往任何时候都更加充满不确定性，潜藏着更多、更大的挑战。所以，在后现代社会，我们如何重审和重构教育，并以此来引领和推动未来社会的革新，显得尤为迫切。

一、不确定的未来与教育的原则

在全球化和数字化高速发展的当今世界，我们正在迎来一个与规模化、批量化、整齐划一的工业化社会形成鲜明对比的后现代社会。这个新的社会形态充满着大量的不确定性、丰富的挑战性和无限的可能性。在这样一个日新月异、复杂多变、震荡模糊的未来化世界中，教育必须不断自我更新以回应时代的挑战，满足人们更加高质量、多样化和个性化的需求，引领未来的发展。那么，我们究竟需要怎样的未来教育？我们究竟需要培养怎样的未来学习者？

对于每一个社会而言，教育都是需要慎重考虑的重要课题，尤其在当下更是受到全社会的关注。不可否认的是，现代教育确实取得了巨大的成就，为国家发展和社会进步做出了巨大的贡献。但同样无法忽视的是，我们的教育在飞速进步的过程中，在某些方面也遁入到了迷失之地。

教育应该最大限度成全人本身，而我们则迷失在各种数字丛林或深陷于各种技术的围墙里。评价本是一种考核方式，就其本身而言，本可以成为一个客观中立的参考标准，然而却被我们盲目地迷信和崇拜，数字的单纯增长变成了教学的目标和教育的最终目的，教学的设计和教育的结构往往沦为不同的数字的叠加，以至于学生和教师都忘记了人的主体性的存在。没有人，就没有真正的教育。我们呼唤重新重视教育中主体意义的发掘，我们认为应该将学习者本身置于教育的中心。

教育应该基于自身的文化传统和社会条件。虽然今天的教育已经越来越成为一个全球性的议题，需要不同国家和地区的合力，但我们也必须清醒地认识到，不论是问题本身还是解决方案，都深深地嵌入在世界局势和当地文化之中，本土和世界在教育上是辩证统一的。没有本土化，就没有全球化。我们呼唤重新考察各个时空中的教育资源和经验，从中发掘可资借鉴的世界经验和本土文化，我们认为应该将本土和全球资源作为学习者成长和教育设计的基本底色。

教育应该是一个多方合作的系统性工程，它不是简单的知识传递，也不是单一能力的发展，而我们则往往希望通过片面的改进积累成质的变化。生态理论和木桶原理告诉我们，任何的短板或者缺失将导致整个系统的失败。一个人的成长也深深地嵌入在家庭、学校、社会及其他要素共同编织的情境之网中。没有各要素之间紧密的配合，就没有整全的发展。我们呼唤以整体式的综合性和系统性的思维重新思考教育内外部各要素，我们认为应该将生态的生成和构建作为未来教育的方向和目标。

教育应该在内容和形式方面随着时代的演进而不断创新，而教育的推陈出新需要对特色与共性有着广泛而深入的理解，但现实是，在通过革新追求教育的特色或差异时往往忘记了教育的共性和本质。要找到正确的方向，需要拨开四周的藤蔓，只有这样才能发现真正的主干。没有对教育本质和共性的透彻了解，就没有真正的创新。我们呼唤创新而不骛新，我们认为关于未来的思考构筑在过去和当下的基础上，寻求共性与个性的融合，从而形成真正的灵动、开放、公平的认知与社会情感相协调的教育系统。

教育需要一定的评价来作为衡量教育结果的参考，而现在的数字评价变成了唯一的标准。计算式思维深刻地影响了我们的教育理念和教育方法。我们习惯性地用工业生产的模式看待教育过程，僵化地认为更多的输入必定会带来更多的输出，我们的教育观越来越机械，也越来越期盼速效药方。实际上，数字的评价代替不了整全的人，更定义不了一个人的成长及其一生。没有对人性的关怀，任何数字都将是无意义的。我们呼唤以发展性、多样化、个性化思维去评价教育过程和教育目标。我们不应该忘记，教育更加重要的是创造一种自主和自由成长的环境，而评价本身也是环境的一部分。

因此，我们需要重新思考教育，回到人本身来构筑教育的原点。我们相信，教育的最终目标是让孩子拥有幸福生活的能力，而不是任何数字所代表的成绩。人性是多样且自由的，我们要给予人性活动和精神创造以空间，在这个空间里，孩子自然会寻找到属于自己的一条道路。同时，这个空间让学习者的角色在家庭、学校、社会多方共筑的情境中逐渐具体化、鲜明化，进而推动未来学习者的不断发展。

因此我们认为，不论未来教育的呈现形式如何，它都应该最大限度地回归人本身。当今教育发展之偏失，既在于技术至上的盲从，也在于人的主体性和整体性的缺失。唯有整全的人的发展才是教育的本质与宗旨。教育就是为了人，通过发展人去培育教育创新，进而助力社会的可持续发展，以实际行动回答时代的教育之问，才能开拓可期的未来。

自由成长、善己达人应是未来教育的目标。当今世界多个国家和组织已经为未来教育勾画了蓝图，并开发了与之对应的素养框架，这些都与自由成长、善己达人目标深切契合。善己是面向个体内部的维度，主要体现为知识、素养和品格，达人则是面向个体外部的维度，主要体现为社会、生活和伦理，而沟通两个维度的桥梁，就是个体的自由成长。在此基础上，如何从教育的本原出发，重新评估在整全个体成长的过程中各要素所处的位置和应发挥的作用，重构个体的核心素养，进而重新开辟发展整全个体的路径，探索更加切合未来社会的多元、立体、丰富的教学模式，最终构建出更加适合人类命运共同体的多维立体的未来教育生态系统应该成为未来教育的核心问题之一。

我们认为未来教育生态系统既指向学习者的自我教育和自我发展，又能将学习者与社会的需求与资源勾连起来，将个体的需求和发展、社会的需求和发展以及多重的价值和意义在人的学习、教育和创造活动中很好地联结起来。它将以“开放”“创造”和“互动生成”作为核心特征，以研究研发为核心驱动力，通过与学习者的共同创造，打破“社会教育”“学校教育”“家庭教育”等各种各类教育以及教育内外部之间的界限。

未来教育通过为未来学习者营造多维的学习和发展体系，造就成长的更多可能。让学习者站在教育的中心，以自由成长、善己达人的理念串联整个教育过程，发挥每一个教育参与者的主体性，以无限成长可能的个体为培养目标，打破时空的限制，突破知识、课程、教师和学生之间的壁垒和藩篱，打造一个无边界、共生长的教育新生态，实现各部分、各要素的充分连接和流动，让成长基因浸润于自由开放的情境中，让有限的实体空间酝酿出无限的生长空间，让有限的个体生命遇见无限的成长可能，构建出生命发展的多种样态。

二、“确定性的寻求”：未来教育图景

面向未来，教育要怎样培养一个适应乃至引领未来社会的人？或者说，未来社会需要什么样的未来学习者？从整体教育生态观照，什么样的教育环境才适合于形成这类未来学习者？这既是对未来教育目标的叩问，也是未来教育系统创建的开端。

未来教育需要一种灵动、开放、公平、多元，以学习者为中心的整合性的新教育模式，帮助孩子掌握在这个高度复杂、多变和流动的世界中共同探索、自信前行的“指南针”和“工具箱”，以应对充满不确定性的未来。

教育生态构成的主体是家庭、学校和社会。学校将构成教育生态的内循环部分，但内循环并非全部，从教育生态的视角去看，也必须看到外循环的部分。外循环包括了家庭教育和社会教育。这三个主体构成的是一个双循环结构，内外循环之间不断渗透、融通，协同创新，从而实现教育和社会共同的可持续发展，正如图 8 所示：

图 8　教育生态双循环结构

在“双循环结构”中，学习者就是一个中心。自我个体意义的建构，是教育中“善己”的原始出发点，其他因素将围绕这一出发点汇聚。教育目的的实现既取决于个体自我的意义建构，也取决于形成尊重个体、发展个性和自由成长的环境。因此，家庭、学校和社会应当形成一种合力，共同努力搭建以学习者为中心的整合性教育模式，构建一个适合人类命运共同体的教育生态系统。在这个具有延展性和可再生的教育生态系统中，每个未来学习者都能获得无限可能的成长。

无论过去还是未来，“教育首先使人成之为人”的宗旨不会改变。因此，以追求个人成长之无限可能性为中心和导向的未来教育观，是未来学习者发展的基础。这意味着，与不确定的未来相对应的，是个体在教育当中能否获得自身的确证和自由的成长。尽管人类社会面对的未来是不确定的，但是个体的成长潜力是无限的，这种现实的不确定性恰恰为我们提供了无限的可能性，不确定性也由此获得了更加积极的意义。

未来学习者的培养，一方面要向内关注个体内在的完善与自由成长，另一方面要向外强调对外部世界的重大问题与需求的关注。只要把握这两个基本维度，未来学习者将不仅能够应对各种不确定性和挑战，更能在各种不确定性和挑战中体味成长的乐趣和意义的充盈，成为真正的拥有无限成长可能的未来学习者。

在自我意义建构形成教育的个体维度之后，嵌入社会关系网络之中的个体与他者的价值认同与意义共建，则确定了教育的社会维度。换言之，教育过程或者学习活动不仅是个体的，更是在人际互动中生成的。当教育不仅是一个个体的意义建构，而成为一个群体共享的意义群时，学习活动便得到了极大的增殖和丰富。因此，在“双循环结构”当中，个体的自我意义建构只是第一步，而在一个拥有类似意义结构和亲密关系的共同体中进行基于共同利益的平等而自由的多方面交往，获得他者自然而然的尊重和认可，则是教育希望实现的第二个目标。

教育的第三个维度则是世界维度，也即自我与整体世界的关联。个人参与到各种关系中，就是投入到了世界中，个人不仅向他者敞开，而且向整个世界敞开，从而认识到自我所面对的世界具有无穷的多样性，以及意识到世间事物的开放性、不可定义性和各种可能性。因此，若要在人与人之间、个体与世界之间、过去和现在之间建构起理解的桥梁，我们就必须打破固有的界限，与不同的领域沟通，联结学校、家庭与社会，通过不断的交流突破自身的视野，形成新的视域，以不断的辩证对话而共同建构可理解的意义。

在这一学习者为中心，个体、社会、世界三个维度为框架的教育生态系统中，所有的发展将基于学习者自身的能力、环境、志趣等实现个性化定制。通过多维空间和意义的建构，学习者将处于一种不断探索、不断成长但形态未定的状态中。在培养和支持系统结构之下，个体的内在发展逻辑自然地联结和生长，在自我成长的过程中不断地拓展、创造、迭代、重组，踏上具有个体差异的教育轨迹和发展道路，形成个性化的认知结构、社会情感结构和心智结构，最后形成一个独特的个体。在这种意义上，个性化是一种常态和必然，而非刻意为之。它恰恰与我们呼唤的要回归人本身、回归个体本身不谋而合。当个体的个性化和内在生成性的特质能够在未来教育生态系统中得到彰显和推广，那么人本身的回归和教育的回归就指日可待。

无限的可能性是未来教育生态系统的最大特色。如同未定态和叠加态等量子状态是自然微观世界广泛存在的基本属性一样，未来教育生态系统由于要素或基团的不同排列会形成不同的组合，进而会交叠出无数种结构形态。而且，一旦外界参与干预或介入，组合的样态又会发生新的变化，呈现出更多的选择。这就意味着未来教育生态系统为学习者提供了多样的、丰富的学习体验，学习者在其中拥有多种发展机会和可能性，根据自己的意愿进行调整或转换便会出现完全不同的学习网络和心智结构。但值得注意的是，未来教育生态系统内要素和基团的组合、调整和转换并不是毫无章法和规则，一切学习都在共享的语法结构中实现，无限的可能性建立在有序的基础之上。

也正是在有序的规则之下，未来教育生态系统将同时具备另一大特性——确定的未定性。它是系统介于无序和有序之中间状态的一种表征，是确定性系统中出现的内部发展性，在未来教育生态系统中，关于未来学习者个性化的学习体验，关于未来学习者自我成长的方向与速度，关于学习过程中各种可能，关于学习的各种结果等，都是未定的。但未定并不意味着杂乱无章，在确定的框架之下，经过一定时间的观察和分析，便可以从未定中形成某种规则，发现确定。教育作为一种培养人的活动，人不可轻易被定义，但教育的过程需依循一定的准则，并历经长期的观察、积累、互动、体验，从纷繁的教育活动和现实中理出脉络，总结教育规律，形成教育效果，这其实又反过来实现了未定中的确定。未来教育生态系统应该是这样一种复杂的开放系统，既影响着其中学习者的成长，又在很大程度上受学习者的影响，在确定和未定之间不断循环往复，寻求最好的教育生态，提供最优的成长平台。

最后，在未来教育生态系统中，螺旋生成是学习进程的总态势。从一开始带着已有知识背景和智识基础进入系统，到最终实现无限可能的成长，学习者在这个过程中或许会遇到难题和挑战，或许会消耗精力与信心，但这同时也塑造着意志力和信念。乐观地看待困难和挑战，通过亲身实践或求教于外部资源，通过沟通协调、逻辑思维、自驱力、洞察力、执行力、复盘力、谈判力等素养的养成推动中间态的更新，使学习者在生态系统中自我丰富与成长。在这里，中间态的螺旋生成就成了未来学习者的发展样态。

就这样，未来学习者在一个充满个性化的、灵活的、无限可能的、确定与未定的、螺旋生成的生态中自我丰富、自我成长、自我实现，真正成为拥有无限成长可能的人。

第二章

未来学习者的形象与素养框架

对未来学习者实行核心素养教育，是实现未来教育的关键所在。不再以学科成绩为导向，而是以未来学习者所应具备的素养为导向，引导教育内容的组织和教学形式的展开，将更有益于未来学习者的培育和未来生活的创造。易言之，在素养教育的支持下，未来学习者自身的特质将得以展开。因此，形成与未来学习者相适应的素养及其教育系统就显得十分重要，这套系统不仅可以描绘出未来学习者的形象，而且将指引未来教育实践。

一、未来学习者画像：个人无限成长样态

无限成长可能的未来学习者是未来教育生态系统对培养什么样的人这个时代问题的严肃回应。从本质上来讲，无限成长并不是某种具体明确的指标，而是对未来教育的一种方向性的引领和导向。这种引领指向一种真正以人为主的教育。它以尊重个体、发展个性、自由成长的环境氛围，激发学习者热爱生活的意志、不断探索的好奇心和自我成长，并引导和鼓励学习者与他人共同做事，共同学习，共同成长，共同探索和创造意义，每个人在友善的互动中不断丰富自

己、接纳他人，从而展现出自己的社会价值。拥有个人无限成长样态的未来学习者，有智慧、有品性、有方法应对不确定未来可能出现的各种未知的挑战，在现实之中拥抱和创造未来。

未来学习者拥有经过训练而善于致知并思考的理性，学会了以屈伸自如的理性力量潜化周密堆积的事实与事件，正确地识见与悟解事物的秩序，并按照其本身的特性来理解它们。这种理性力量，是面对未来一切挑战的基本能力。

在理性之外，未来学习者还应具有面向未来的品性。他们对外部世界有着不竭的好奇心，敢于尝试、探索和发现。他们心态开放、思维灵动，不受成见约束，能够接受各种不确定性和可能性。他们能快速应变和根据情景进行调整，以新的方式看待事物、重组模式、建立联系；他们从小处着眼，能见微知著；从大处着手，能由博返约。他们能以敏锐的洞察力注重细节、深入观察、一针见血，见别人之所未见，想别人之所未想。他们避免了偏狭、闭门自专、轻躁、迷惘，而拥有耐心、镇静、谦和、庄严和安宁的品格。这些品格使得未来学习者临危不惧，拥有直面未知和未来的勇气。

未来学习者拥有良好的应对未来挑战的方法。他们既拥有广博的意识，也拥有自己热爱的专业特长，能够学习和掌握各种自身发展所需的技能和工具，并以此建立基于问题的跨界思考和工作的能力，拥有能支持学习、工作和社会服务的强健身体和精神。

未来学习者也是热情的合作者与有效的沟通者，他们怀着一颗包容和理解他人的初心，能感受到别人的情感，在乎别人的感觉，能够控制自己的预设前见，理解多元化的价值、选择和偏好。他们不仅能够使用多种语言表达自身，利用丰富的媒介自我呈现，从而进行有效的跨文化互动，还能有趣地运用联想和比喻。他们与人为善、与自然为善、与社会为善，具有良好的同理心、责任心、可靠性、社会合作性和奉献精神。他们相信，人是无高无低的，是错落有致的，通过我们的开放和创新可以吸纳更多的学习者，相互友爱，互相发现，互相体悟，培养他们各自的个性特质。

未来学习者拥有丰富而有深度的本真的状态和一种严肃而满不在乎的特殊心境，他们既勇敢又腼腆，为人谦逊，喜欢自嘲；面对重要议题时，他们既能够严肃对待，也能采取柔性、舒缓的策略加以应对；面对陌生、不确定和挑战，他们具有开拓精神、坚忍不拔的意志和创新意识，具有参与社会公共事务或引领解决公共问题的雄心魄力，能将紧张和烦恼转化为别具心裁的意趣。未来学习者将拥有自己自律而丰富的生活角度和样式。

由此，个性的、灵活的、无限可能的、成长的理念将弥漫在整个教育生态系统的方方面面，并深入个体成长的每个细节之中，由它们出发，以它们为旨归，教育成了一个浸润的过程，个体发展也是这种浸润所熏习的结果。它们不仅是各类教育体验的内在属性，也是需要培养呵护的核心品质。它们不仅仅是手段，更是目的；它们既是培养无限成长可能的人的起点，也是内容和方式。

未来学习者画像

总是善于提出问题

具有好奇心和想象力，善于提出问题；独立自信，不需要依赖他人意见就能做出决定；具有全球视野，但对本土传统也有深刻认同，懂得欣赏和包容文化差异；具备多语言沟通的能力，能与不同文化背景者进行有效和得体的对话。

总是能付诸行动

从不停留于想象，总是把创造付诸行动，勇敢探索；勤勉专注，有清晰的过程规划；具有数字素养，具备应对复杂挑战的能力。

总是相信可以更好

对未来总是充满信心；面对风险、压力和挫折，总能作出适应性调整，坚韧但又灵活；明辨谨慎，总能从纷繁复杂之中分辨出关键实质。

总是愿意追求更美

觉察感知生活的丰富性，建立审美经验，尊重欣赏多元形式，搭建整合性知识体系；摈弃冷漠，能够被触动，主动关心外部人事物；能进行专注而放松式的冥思，捕捉意象、建立隐喻性形象；建立联结，形成言语化、概念化、符合逻辑的观点或推论，亦即创造力；无拘无束，最大限度地表现自我，寻求突破与创新。

总是乐于与团队一起工作

总是先看到别人的优点，对不同观点抱持开放宽容态度；懂得倾听，懂得尊重每一个人，懂得存同求异；表达清晰而又富有幽默感，善于促成团队之中的有效沟通；既能在团队之中扮演领袖角色，也允许他人扮演领袖角色；总是能融入合作，支持团队和同侪完成既定任务。

总是分享与关怀

谦逊慷慨、多元包容和积极奉献；具有主动承担的责任心、勇气和韧性，以身作则并积极做出表率；有同理心，能换位思考；能与人为善、与自然为善、与社会为善，通过分享与关怀展现自身的社会价值。

二、未来学习者的培育：素养框架的建构和阐释

未来学习者的画像是素养框架构建的出发点和旨归，而素养是未来学习者教育的基本目标。自 20 世纪 50 年代以来，现代学习科学已经出色地扩展了我们对教学目标的理解。以布卢姆（Benjamin Bloom）等人为代表的新教育分类学提出的关于教学目标的整全观念，远远超出了单纯记忆的学术内容，从认知、情感和动作技能三个方面进行了详尽而富有实践性的归类与整合。

进入 21 世纪，全球范围内兴起了以关键能力、核心素养、胜任力为名的各类教学目标分类体系，为知识社会和全

球化背景下的未来学习者确立了发展目标。这意味着，具有总是善于提出问题、总是能付诸行动、总是相信可以更好、总是愿意追求更美、总是乐于与团队一起工作、总是分享与关怀特质的未来学习者，需要明确核心素养发展目标，确立未来学习者素养框架，为未来教育的实现提供操作性方案。

（一）未来学习者素养框架建构

为了明确核心素养发展目标，确立未来学习者素养框架，我们收集了国际上各大知名素养框架（如欧盟、OECD 等组织发布的素养框架）以及中国本土素养框架（如中国学生发展核心素养，5C 素养模型）共 45 种，并将其中所有素养颗粒加以编码和筛选，最终构建了含有 763 个素养点的全球素养数据库。

基于这一全球素养数据库，我们对学习者核心素养进行频率、结构等分析，结果发现，排名靠前的素养主要分布于自我意识、认知能力、社会交往和人际合作等方面。比如出现频率最高的“自我效能”“管理情绪”“自我管理”等，属于自我认知和情感能力培养的范畴，同类型的高频率素养还有“同理心”“积极”“坚韧”等；频率排名紧随其后的则是“创造力”，属于认知能力的培养，同类型且排名靠前的还有“系统思维”“批判性思维”等；再随后出现频率比较高的则是“沟通”“团队合作”“责任”等社会合作和人际交往方面的素养。对这些素养频次的把握，即形成了包含全球核心素养最大公约数的工具箱。

在频率、结构分析的基础上，我们根据未来教育生态系统的原则以及未来学习者所应具备的无限成长样态及其画像特质的构想和研讨，结合心理学、教育学相关理论，对未来学习者素养进行了重新萃取、集成和建构，最后建立了涵盖五大领域的未来学习者素养，共同形成未来教育生态系统素养体系，为无限成长可能的未来学习者提供更具细分粒度的素养颗粒及多样的组合方式奠定了基础。

这五大素养的一级指标，分别是探究（Exploration），批判（Critical thinking），协作（Collaboration），创造（Creativity），关怀（Care）。如图9所示。

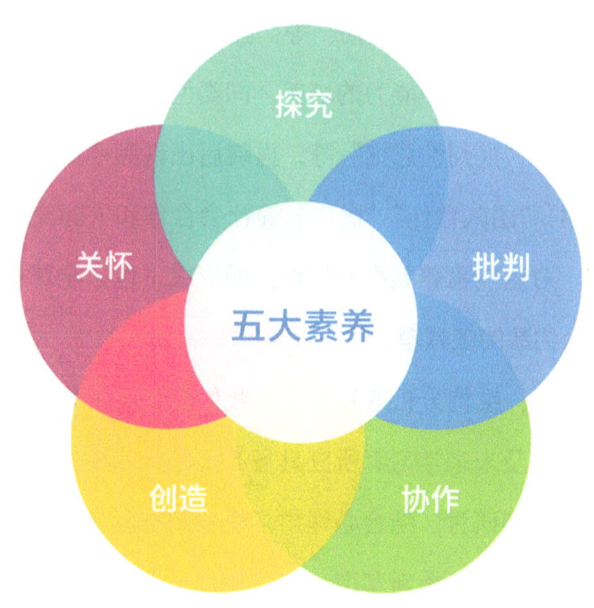

图 9　未来学习者素养框架下的五大全球素养

这五大素养的培养与未来学习者的特质密切相关，诸如总是善于提出问题的人是一个善于探究的人。总是相信可以更好的人是一个具有批评性思维的人。总是分享和关怀的人是一个具有关怀素养的人。总是愿意追求更美的人是一个拥有无限创造力的人。总是乐于与团体一起合作且总是付诸行动的人是一个具有协作素养的人。

基于全球素养数据库素养颗粒的交叉叠加的分布规

律和结构，我们认为这五大素养没有先后之分。它们是一个密不可分的整体，并形成一个相对完整的具有开放性和成长性的框架，为未来学习者培育提供恰当的整体发展目标。

在全球素养数据库素养公约数的校正下，研究进一步明确了五大素养一级指标下的31项二级指标。最终，建立包含了五大一级素养类别和31项二级核心素养颗粒的未来学习者素养框架。

（二）未来学习者素养框架阐释

未来学习者素养框架

探究素养	●	好奇心 | 发现问题 | 果敢 | 专注 | 规划 | 试错
批判素养	●	推理 | 求异 | 反思 | 系统 | 坚韧
协作素养	●	倾听 | 有效沟通 | 情绪管理 | 宽容 | 可靠 | 积极 | 分享 | 实施
创造素养	●	发散 | 溯源 | 跨界 | 整合 | 突破定式 | 元认知 | 自我效能感
关怀素养	●	同理心 | 多元 | 奉献 | 责任意识 | 历史社会意识

这31项二级素养颗粒是对五大一级素养指标的展开。如果说无限成长可能的未来学习者体现的是教育目的之精专，那么未来学习者素养蕴含的便是实现这一最终目的之大全。

作为一套包含在不同情景、不同学科下可迁移的、一般性的知识、技能、态度和品格的教育目标集，未来学习者素养一方面服务于让孩子成长为无限成长可能的未来学习者；另一方面，它能够为课程开发、教师教学规划提供具体参照。教师可以从这些素养颗粒中自由择取，灵活组合，形成独特的教育目标，并有针对性地形成评价指标，从而帮助孩子成长为能够应对不确定性未来的未来学习者。

这些素养指标和素养颗粒具体内涵阐释如下：

❶ 探究素养

探究是人类与世界进行交互的第一步。从孩童呱呱坠地起，就无时无刻不在探索着世界中无限丰富的材料。通过好奇心和想象力，不断观察、筛选、理解丰富多样的材料；进一步摸索、试探，理解和把握未曾了解的新事物。

探究，是思考的前站，是认知的起点，是高阶判断和创造的条件，是未来学习者发展的最初前提。一个敢于探索的人，始终不畏困难，有坚持不懈的精神，能大胆尝试，积极寻求有效的问题解决方法。因此，探究精神不仅在过去、现在重要，在未来，探究精神也依然是人类社会前进的重要前提。

好奇心 CURIOSITY

好奇心是个体在发现未知、新奇的事物时所产生的注意和探索该事物的倾向。好奇心引发兴趣，驱动个体试图理解周围的世界。因此，自主和深入的学习始于个体的好奇心，它一方面促进个体无定向地注视、探索和收集广泛的信息的意愿，扩大自我的知识范围；另一方面当个体发现新事物与既有经验相违背时，通过寻找和形成新的解释，深化对知识的理解。好奇心越强烈，个体愿意付出的资源就越多。好奇心所激发的有意义的兴趣将是学生自我成长的内在原动力。

发现问题 RECOGNITION OF PROBLEM

发现问题是人类区别于其他形式生命的显著特征之一。在发现问题的过程中，个体能够揭示事物、理论内部的矛盾或困境。一切的科学发现都始于问题，问题则源于质疑，质疑是一种不轻易接受结论的态度和追根究底的品格。有效的问题解决者，知道如何提出问题来填补他们所知与未知之间的差距，在这一过程中，其思维能力和创新能力将能得到有效培养。

果敢 COURAGEOUS AND RESOLUTE

果敢，可以概括为果断和勇敢。具体而言，一个果敢的人善于判断形势，并且当机立断，做出良好的决策，并进一步付诸实践，勇于进行尝试和接受挑战，努力不懈。与此同时，果敢者是一个敢作敢为之人，他有力量、有勇气承担责任，不退缩，不害怕。无论面对何种不确定的未来形势，他们都能勇敢面对且做出决断。

专注 CONCENTRATION

专注意味着个体能努力工作，在相关任务上取得进展，在遇到挫折或困难时仍能保持专注。专注者是一个拥有高持续性运作能力之人，也是一个能够控制和调节自己情绪的人。在学习和工作时，个体能够排除内外干扰因素，控制冲动，延迟满足，引导和集中注意力，全身心投入其中。

规划 PLANNING

规划是面对障碍和竞争压力，也会设定并实现目标的能力。从大方向来说，规划指个体能够为未来制订一个计划、目标或愿景。从小处着手，规划意味着个体能够设计和组织任务和材料，创建时间表，监测进度，并密切关注细节，进而对工作进行优先排序、规划和管理，以实现预期结果。

试错 TRIAL AND ERROR

试错指的是个体能够基于“尝试—错误”这一探索方法，不断减少错误行为，并强化正确行为，最终提高问题解决的速度和正确率的能力。试错可以促成个体认知与情绪方面的正强化，增强个体的心理韧性与弹性，形成科学的归因方式。试错是完善个体的认知结构和促进个体深度学习、自主学习的关键要素。

❷ 批判素养

批判的本意为作出判断的能力，即从纷繁复杂的现象中抽取出最重要的部分，并对其进行反思和省察。通过批判，个体将学会评估情况和假设，提出问题并发展各种思维方式。因此，批判代表了个体可以独立地、清晰理性地思考，理解思想之间的逻辑联系，并寻求对思考结果的评价和进一步推进。最终，通过培养人的批判能力，我们旨在使之成为一个积极的学习者和思考者，而不是一个被动的信息接收者。这对于应对纷繁复杂的未来社会而言，至关重要。

推理 REASONING

推理指的是在思维过程中，个体能够根据情况适当选用一定方法，由一个或几个已知的判断推出新判断的能力。具体而言，推理是指基于归纳、演绎、类比进行严密推演的能力。较高层次的推理还能够在复杂的系统中，运用系统思维分析各部分之间的关系，并在信息和论点之间建立联系，以识别并纠正逻辑谬误，得出正确结论。

求异 CLING TO DIFFERENCE

求异指的是个体掌握区别群体和人与人之间各个方

面的知识，并通过超越简单的容忍来相互理解，确保真正重视差异性的过程。在求异心理导向下，个体能表现出全球意识和对人与人之间的差异和共性的认识，并能从中相互理解。一个拥有求异素养的人，其心胸开阔，乐于接受与自己不同的想法、文化和做事方式。

反思 REFLECTION

反思是对已经完成的事件的复盘，其目的不在于对事件中的失误进行猛烈的批评，而在于通过整理整个事件发生的脉络，进行究根式的分析，找出各个环节的不足，进而巩固成功，弥补不足。反思既需要直面错误和失误的勇气，同时也需要追本溯源的能力。反思有助于跳出“行动—结果”的单一循环学习模式，转向“为何做—怎样做—做出什么？”的双循环学习模式。反思是有效的批判和自我认知的工具之一。

系统 SYSTEMS THINKING

系统或系统性思维是一种综合生成的能力，指个体在分析的基础上进行系统整合与重构，形成观点、策略、产品或其他新成果的过程。一个具有系统思维的人，能够采用系统的方法来分析问题，理解在复杂的系统中，整体的各个部分如何相互作用以产生整体的结果。

坚韧 RESILIENCE

坚韧是一种从逆境中“反弹”并在风险中茁壮成长的能力。尽管面对风险、压力或逆境，但最终仍能很好适应的一种模式。在学习、工作或生活当中，坚韧的人能够从困难的情况下迅速恢复，展现一种强劲的生存技能、适应能力和灵活性。面对不确定性的未来，坚韧始终是一把有用的利剑。

❸ 协作素养

协作是两个或两个以上的人或组织一起工作以实现共同目标的过程。协作是儿童、青年和所有学习者在学校、家庭、工作、社区、国际等层面上遇到的日常世界中的许多活动的核心。协作对解决问题很有帮助，并构成了健康社会关系的基础，它是与家庭、社会和政治冲突的管理和解决直接相关的核心生活技能。

倾听 LISTENING TO OTHERS

倾听，同情和理解他人观点是智识行为的基本形式和最高能力之一。能够转述他人想法，从他人口头和肢体语言中发现他们的感情或情绪状态的线索，准确地表达另一个人的概念、情绪和问题并与其共情——所有这些都是倾听行为的标志。

有效沟通 EFFECTIVE COMMUNICATION

沟通是信息的传递、情感的链接，是将自己内心的想法，通过适当的逻辑和语言组织起来传递给沟通对象，然后达到预期和特定的目的。有效沟通意味着个体能够通过各种媒介向个人或团体清晰地传达信息和想法，吸引受众并帮助他们理解和记忆信息。

情绪管理 EMOTION MANAGEMENT

情绪管理是每个现代人的必备技能。它指在理解和完全接纳自己情绪的前提下，能够用理性去思考和控制自己的行为，涉及情绪感知、控制和调节的过程。个体在成长过程中无疑会面对各种纷繁复杂的情绪问题，但是，一个善于情绪管理的人，将能够有能力意识到并建设性地处理挑战性的情绪，从而确保自我保持良好的情绪状态。

宽容 TOLERANCE

宽容是面向他者的概念与状态。个体允许或接受自己所不喜欢或不同意的行为、想法或其他人事物等。人类社会越来越走向多元化、多样性、异质性，个体是否拥有宽容的素养至关重要。

可靠 DEPENDABILITY

可靠是个体呈现给外界的一种可依托的品质。它意味着一个人能够有效履行职责，在最后期限前完成工作，并同时做出高质量的工作。一个可靠的人，不仅能有效实现自己的目标，而且能够获得他人的青睐和信任，从而在团队活动当中发挥更出色的作用。

积极 POSITIVE

积极不仅是一种心理品质，也是一种社会技能。积极的品质使个体对不确定性的未来充满信心，并且表现出一系列积极的情感态度。积极的社会技能意味着个体能够以积极的方式相互联系，通过理解他人的感受和行为，以促进积极社会互动的方式做出反应。在不确定性增强的未来社会，积极将成为极为重要的素养。

分享 SHARE

分享是指个体主动自愿与他人共享信息、资源和感悟，并从中获得愉悦和满足的社会行为。一般具有四个主要的特征：主动自愿；与他人共享；内心产生愉悦和情感体验；非功利性。分享作为一种自愿的、以利他性为目的的亲社会行为，有利于建立良好的、和谐的人际关系，提升个人价值感，并对团体做出贡献。

实施 IMPLEMENTATION

实施是从理论向实践领域的一次飞跃。现代教育发展的一个重要表征，就是把人从思想者培养成行动者，强调个体在现实生活当中的行动能力。因此，实施代表了个体能否有效采取行动，将理念或想法付诸实践，并产出相应成果。一个成功的未来学习者，需要在积极的行动当中，不断完善和提高自我。

❹ 创造素养

作为人类社会进步的重要推动力之一，创造是指产生新事物的过程。一个具有创造思维的人，能够产生新的想法，以新的方式重组或更新现有的观念或事物，并展现出丰富的想象力。

爱因斯坦曾说过，“想象力比知识更重要”。因为知识是我们现在所知道的，而想象力包括整个世界以及人类将来可能知道的事物。

新奇、多样和复杂的刺激，思想和价值观的交流，理解自己的想法，以及实际解决问题的需要等诸多因素，都可能带来创造行为与创造思想的涌现。

发散 DIVERGENT THINKING

发散思维是创造性的重要组成部分。发散要求分析问题的思维模式要能够跳出条条框框，从不同的方向、途径和角度去设想，探求多种答案，使问题获得圆满解决。发散的特点是充分发挥个体的想象力，突破原有的知识圈，通过知识、观念的重新组合，寻找更新、更多的设想、答案或方法。

溯源 TRACEABILITY

所谓溯源，是指回溯发展的脉络和寻找源头。它体现的是一种不断追踪和探索问题本质的能力。一个善于溯源的学习者，能够透过纷繁复杂的现象看本质，拨开云雾，建构自己的科学理解，同时有效解决问题。

跨界 CROSSOVER

跨界指的是用多角度、多视野看待问题和提出解决方案，要求个体具有丰富的经历、丰富的阅历和综合的知识结构。跨界不仅仅是简单的跨领域，而且是一种观念的转变，即打破思维的界限。只有思维跨越没有界限，创新才永无止境。

整合 INTEGRATION

整合是一种综合生成的能力。个体在分析的基础上进行系统综合与重构，从而形成观点、策略，或制造出产品或其他新成果的过程。一个拥有整合能力的人，才有可能从散乱的细节中找到事物联系的规律，加深对于既有认知的理解，更有效地完成任务和应对不同挑战。

突破定式 BREAK THROUGH THE STEREOTYPE

所谓定式，即思维活动积累的经验教训和既有的思维定则。思维上的定式让人们产生思想惰性，养成呆板、机械的问题解决习惯。而创造的实现即要求打破既有的思维习惯，因此，突破定式要求突破事物原有的功能、属性，使思路灵动且富有独创性。

元认知 META-COGNITION

简单来说，元认知指的是个体思考自己思维的过程，即个体对自身思维过程进行监控、评价和规范的特质。它包括目标设定、过程规划和自我监控三个子维度。目标设定指的是行动者能够在思维过程中为自己设置清晰可达目标的能力。它能够对思维的最终状态，即目标完成时的状态进行合理的设想。过程规划是行动者在思维目标设定的基础上，对实现思维目标的过程进行知识激活、时序安排的能力。自我监控是行动者在思维过程中进行监控的能力，包括过程监控、清晰度监控和准确度监控三个部分。元认知通过对自己思维过程的反思、评价和改进，从而进一步改进认知的策略、思维的效率和创造的能力。

自我效能感 SELF-EFFICACY

自我效能感是指一个人相信自己有能力成功实现某个结果或达到某个目标。较高的自我效能感，反映了个体对能够控制自己的动机、行为和环境的能力的信心。在此过程中，个体能够有效地评价自己，形成良好的预期，以积极乐观的态度对待工作和生活。

❺ 关怀素养

个体在群体中生活，需具备关怀素养。未来学习者要关怀他者，关怀一切人事物和周遭环境。

一个善于关怀他者的人，是一个有爱心且富有同情心的人。因此，和自利者不同，富有关怀素养的人不是一个封闭的人，他将看得见他者的存在，他将关爱他者，他将通过自己的力量努力改善他者（人或自然）的状态，从而为团体、社会或世界做出贡献。

同理心 EMPATHY

同理心意味着站在他者的角度去认识、理解和同情他者的感觉、情绪、思想、动机和人格特质的能力和意愿。在这个基础上，同理心通常还包括对他人的感受做出适当的反应与帮助。拥有同理心，能够帮助个体解决决策制定和认知思维过程中的诸多问题，促进人际关系的发展。

多元 DIVERSITY

未来社会的发展趋势之一即走向多元化。从大方向来说，多元可以指面对不同种族或社会群体时，个体能把握人类共同文明体的社会框架，尊重和容纳不同的文化与意见，从而达到相互学习、交流与合作的过程。从小方向而言，多元可以是不同领域的交叉合作，以知识的快速增长为主要目的，而不走极端主义。一个多元主义者，尊重任何人的自由意见和立场，因此多元也是一种自由思想的表现。

奉献 DEDICATION

奉献是一种利他的精神，也是为他人或集体利益而舍弃自己利益的行动过程。作为人类的一种高尚品格精神，奉献素养的培养不仅在过去被视为教育的重要组成部分，在未来也依然需要得到强调。概言之，未来学习者要学会自主、积极地为家庭、团体或国家做出贡献。必要时，个体应具备大局意识，以促进集体共同美好的合作或生活为宗旨，让渡自我的利益。

责任意识 CONSCIOUSNESS OF DUTY

责任意味着个体在人际关系中，对自身社会角色所蕴含的社会期望的觉知和主动承担。具有责任意识的个体，能够理解自己的角色（在特定环境，如家庭、学校工作场所）并可靠地完成与这些角色相关的任务。同时，责任还意味着个体相信他们的选择和行动会带来积极的结果。

历史社会意识 CONSCIOUSNESS OF HISTORY AND SOCIETY

历史社会意识是个体理解和把握人本身与社会发展的规律，并以此作为表达关怀的基础。历史意识是指人们在历史认知基础上凝聚、升华而成的经验性心理、思维、观念和精神状态。社会意识表示个体能够有意识地意识到自己是与他人相互联系的共同体的一部分，并通过这种集体共享社会身份的体验，表现出亲社会的价值观和行为。缺乏历史社会意识者，容易缺乏人文关怀，容易以小我为中心而无视或损害集体的利益。

小结

通过未来学习者素养框架的具体阐释，可以发现，未来学习者框架紧紧围绕着个体自我发展、与社会和世界联结的多个维度展开。掌握探究、创造、批判素养使得未来学习者成为一个有能力的个体，把握协作和关怀的相关素养，未来学习者将始终亲他者、亲社会，而不会成长为一个孤立的个体。通过这一素养框架培育出来的学习者，既能够享受个体自由的无限成长，同时又能关怀集体。因此，这类学习者将不仅能够有效应对未来诸多可能的挑战，而且也将不断思考和付诸行动，为人类创建更加美好的未来。

最后值得注意的是，未来学习者素养框架是开放和灵动的。在未来的发展过程中，五大一级素养指标和 31 项二级素养颗粒是可以根据学习者的创造和教育教学的进展进行变更、增删、迭代的。在未来教育生态系统中，我们是从未来学习者角度来定义素养，而不是以固定的素养框架来定义未来学习者。这也是未来学习者教育语法的建构原则。

第三章

未来教育语法 CMYK

未来学习者素养框架，是培育未来学习者的指向性目标。但更进一步的问题是，这些素养教育，如何得以实现？在现有教学体制和课程结构上，如何就既有的学科知识结构和体系开发出不一样的教育项目？采取什么样的教学方法更有利于个体的自由成长？教育应该如何进行创新？对这些问题的思考，促进了未来学习者的教育语法—— CMYK 未来教育语法的诞生。

一、CMYK：项目元矩阵的建构

与传统上以学科为主轴、以讲授为主要教学方法的模式不同，培育未来学习者的创新教育，将基于交叉学科的主流教学方法——项目式学习（Project-based Learning），构筑跨领域的学习，并且不再以单一的课程（Curriculum）来组织知识结构，而是紧跟未来学习者素养框架导向，开发跨学科的课程项目元（Project Unit, PU）。这是 CMYK 项目元矩阵建构的背景。

CMYK 作为教育创新语法，高度适配未来学习者的教育宗旨，为未来学习者教育落地提供强厚的方法基础。未来学习者的学习体系即项目元的开发和建构过程。这套项目元开发系统，由素养颗粒（Competence, C）、教学方法（Method, M）、学习年段（Year, Y）和知识（Knowledge, K）四大要素组成。

它的简要公式如下：

PU =（素养颗粒 C，教学方法 M，学习年段 Y，知识 K）

素养颗粒 C，即前文所阐释的未来学习者素养框架，是 CMYK 模型的核心目标，在确定每个项目元的教育目标时，设计者从五大一级素养和 31 个二级素养颗粒中选取 3~5 个作为项目元的主要教学目标。

教学方法 M，指的是以项目式学习（PBL）为基础的多种教学方法的整合和运用，即在 PBL 之外，还包括讲授、研讨、合作学习、志愿服务、强度训练、游学、制作等多种方法。

学习年段 Y，参照学校教育制度划分为小学（6~12）、初中（12~15）、高中（15~18）三个层级，在具体项目元搭建过程中，强调混龄的实施，实现不同年龄阶层学习者的合作学习。

知识 K，涉及全学科的知识结构，为便于项目设计，又进一步划分为四大领域，即大艺术类、大工程类、自然类和人文—社会类以实现跨学科的学习。

CMYK 的基本运行机制

通过以 PBL 为主的多种教法 M 的整合和运用，从解决面向真实世界的真实问题情境出发，灵活获取和利用全学科的知识 K，再基于不同学段 Y 学习者的知识储备和思维模式等现实需求，搭建独特的项目元（Project Unit, PU）学习活动，学习者通过参与 PU 的学习，获取和培养未来学习者应当具备的各类素养 C。

CMYK 的学习调色板隐喻

本着“无限成长可能”的原则，我们以四分色模式（CMYK 模式）作为项目元的颜色视觉表征。CMYK 即利用色料的三原色混色原理，使青（Cyan）、洋红（Magenta）、黄（Yellow）与黑（Black）四种颜色混合叠加，从而呈现出整个色彩空间中的万千颜色。因此，项目元可通过 CMYK 四个维度的多样组合，形成独特而丰富的学习体验，为未来学习者提供多样的学习选择。项目元 CMYK 的无限组合，为未来学习者的教学体验绘制了无穷多样的颜色，C/M/Y/K 可以分别主导、构建不同的学习脉络和项目系列。（见图 10、图 11）

图 10　CMYK 颜色表征

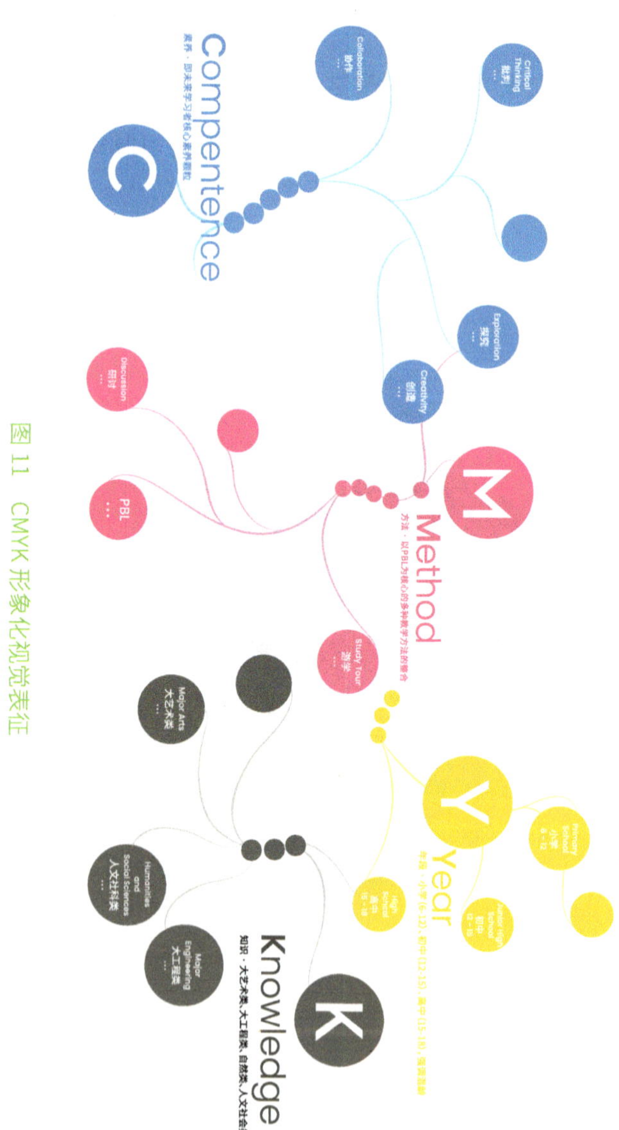

图 11 CMYK 形象化视觉表征

项目元的 CMYK 四个维度自由组合，便形成了未来学习者的多彩学习体验。在我们看来，学习既是素养导向的，又是方法混合的；既是跨年龄合作的，又是跨知识领域的。在这种多样化的学习体验中，未来学习者总能在自己的学习调色板上找到属于自己的那抹最美的色彩！

二、“无限成长”的符号化：项目元神经网络

学习空间的项目元不仅自成一体，而且互联互通。正是由于所有的项目元都共享一套普遍的 CMYK 语法，使得项目元之间能够以统一的方式产生关联——简言之，只要任意两个项目元共享了 CMYK 中的某一相同元素，它们之间就会形成某种关系。将所有这些关系记录下来，就能够形成一个庞大的项目元矩阵（Project Unit Matrix）。通过数学变换，这个矩阵便能够形成如神经网络般的复杂结构。其简化示意图如图 12 所示。

图 12　项目元矩阵可视化

神经元网络的节点是项目元，各项目元内部共享一套普遍的 CMYK 语法，不同项目元节点通过内在逻辑自然地连接和生长，形成具有个体差异性的认知结构、教育结构、心理结构，最终通过个性化教学呈现，达成一种“各美其美，美美与共”的状态，即虽然每个人的神经元网络构成不同，但是运用相同的语法可以在自我发展过程中不断自我迭代，生成自身的认知网络。（见图 13）

图 13　项目元的神经网络示意图

通过上述方式，未来学习者所有项目元联结成了一个有机整体。最为难得的是，这个整体乃是循证的、迭代的和交互的。所谓循证的，即这些复杂关系乃是基于开发实践的。PU 之间的相关关系和 CMYK 的关系的结果都是基于实证数据的，而不是任意确定的。所谓迭代的，意味着项目元及其 CMYK 归属随着 PU 开发的不断完善和 CMYK 语法的不断改进，随时可调整更新。所谓交互的，指的是上述神经网络可以使用交互式的可视化方法，通过自由拖动网络，自由探索关系，为孩子和家长选择合适的项目元提供支持。

CMYK 预期效果

概言之，CMYK 是构建未来学习者教育课程的一个集合，在这个集合之上，它将衍生出丰富的项目元和项目元矩阵。CMYK 通过各种要素，为未来学习者创建互联互通的生长神经元，让学习者获得个体多元而自由的无限成长。这套语法为个体创建完整的学习体验，提供各自独特的知识图谱和可追踪的教育轨迹，形成属于每个个体的成长神经元网络。

第四章 结语

我们生活在一个快速更迭和复杂多变的时代，人类社会因此面临越来越多的挑战。教育，由于面向未来是其天然属性之一，自然要为未来的发展负起相应的责任。未来学习者教育概念的提出，既是这种责任的体现，也是对人类社会美好未来的期盼。

未来学习者素养框架的建构和设计，基于思考教育的对象——学习者——的未来形态，并受全球核心素养最大公约数的校正，是未来学习者教育生态系统的指南针和罗盘。

CMYK 未来教育语法的创设，赋能未来学习者教育的落地，并为其提供可追踪的多样性的教育教学网络。诚然，人类应对未来挑战的方式和经验有种种，未来学习者教育也只能是其中的一种。但是，立足本土，展望世界，尊重传统，面向未来，通过将这种教育发挥到极致，为自己和世界赋予意义，成为自己所希望成为的人，将使得这项工作具有更高的价值与意义。

我们期待与您携手，共同思考未来教育的新形态，探索未来教育更多的可能性，把我们的对话变成一个共同定义未来教育、促进教育变革的契机。共同思考、共同行动，一起创造一个充满包容、理解、信任、和谐的人类之未来。

参考文献

[1] Asia Society & OECD (2018). *Teaching for Global Competence in a Rapidly Changing World.* Retrieved From http://www.oecd-ilibrary.org/docserver/9789264289024-en.pdf

[2] Borah, P., Conn, M., & Pittman, K. (2019). *Preparing Children to Thrive: Standards for Social & Emotional Learning Practices in School-Age Settings.* Forum for youth Investment, Washington, D.C. Retrieved from https://www.selpractices.org/resource/preparing-children-to-thrive-standards-for-social-and-emotional-learn- ing-practices-in-school-age-settings

[3] Center for Contemplative Science and Compassion-Based Ethics at Emory University (2017). *SEE Learning: A Framework for Implementation.* Retrieved from http://compassion.emory.edu/SEE-learning.pdf

[4] Center for Contemplative Science and Compassion-Based Ethics at Emory University (2019). *The SEE Learning Companion: Social, Emotional, and Ethical Learning.* Retrieved from https://seelearning.emory.edu/re- sources-research

[5] Facer K. (2012). Taking the 21st century seriously: young people, education and socio-technical futures. *Oxford Review of Education, 38*(1), 97-113.

[6] Hays J., Reinders H. (2020). Sustainable learning and education A curriculum for the future. *International Review of Education, 66* (1), 29-52.

[7] Hung W., Jonassen D. H., Liu R. (2008). Problem-based learning. *Handbook of research on educational communications and technology, 3* (1), 485-506.

[8] Mayer, J. D., Caruso, D. R., & Salovey, P. (2016). The Ability Model of Emotional Intelligence: Principles and Updates. *Emotion Review, 8,* 1-11.

[9] OECD (2005). *The Definition and Selection of Key Competencies: Executive Summary.* Paris: OECD. Retrieved from http://www.oecd.org/

pisa/35070367.pdf

[10] OECD (2017). *The Programme for International Student Assessment (PISA)*. Retrieved from https://www.oecd. org/pisa/aboutpisa/

[11] OECD (2019). *OECD Future of Education and Skills 2030. OECD Learning Compass 2030. A Series of Concept Notes*. OECD: Paris. https://www.oecd.org/education/2030-project/contact/OECD_Learning_Compass_2030_Concept_Note_Series.pdf

[12] OECD(2018). *Social and Emotional Skills: Well-being Connectedness and Success*. Retrieved from http://www. oecd.org/education/school/UPDATED%20Social%20and%20Emotional%20Skills%20-%20Well-being,%20 connectedness%20and%20success.pdf%20(website).pdf

[13] Partnership for 21st Century Learning (2016). *Framework for 21st Century Living*. Retrieved from http://www.p21.org/storage/documents/docs/P21_framework_0816.pdf

[14] Partnership for 21st century skills (2012). *Framework for 21 century learning*. Retrieved from https://files.eric. ed.gov/fulltext/ED519462.pdf

[15] UNESCO (2015). *UNESCO and Sustainable Development Goals*. Retrieved from https://en.unesco.org/sustainabledevelopmentgoals

[16] UNESCO (2021). *Reimagining our Futures Together: A New Social Contract for Education*. Report from the International Commission on the Futures of Education. Paris: UNESCO.

[17] UNESCO (2021). *We're all in this together: new principles of co-present group learning*. Report from the International Commission on the Futures of Education. Paris: UNESCO.

[18] Wirkala, C., & Kuhn, D. (2011). Problem-Based Learning in K-12 Education: Is it Effective and How Does it Achieve its Effects? *American Educational Research Journal, 48*(5), 1157–1186.

[19] 核心素养研究课题组．中国学生发展核心素养．中国教育学刊，2016(10):1